DES CARACTÈRES PHYSIOLOGIQUES

DES RACES HUMAINES.

DES CARACTÈRES PHYSIOLOGIQUES

DES

RACES HUMAINES

CONSIDÉRÉS

DANS LEURS RAPPORTS AVEC L'HISTOIRE.

LETTRE A M. AMÉDÉE THIERRY,

auteur de l'*Histoire des Gaulois.*

PAR W. F. EDWARDS,

MEMBRE DE L'INSTITUT, MEMBRE DE LA SOCIÉTÉ ROYALE DE LONDRES, MEMBRE ASSOCIÉ DE L'ACADÉMIE
ROYALE DE MÉDECINE DE PARIS, MEMBRE CORRESPONDANT DE L'ACADÉMIE ROYALE DES SCIENCES
DE NAPLES, PRÉSIDENT DE LA SOCIÉTÉ ETHNOLOGIQUE, ETC., ETC.

(EXTRAIT DES MÉMOIRES DE LA SOCIÉTÉ ETHNOLOGIQUE.)

PARIS.

IMPRIMERIE DE Mme Ve DONDEY-DUPRÉ,

RUE SAINT-LOUIS, 46, AU MARAIS.

1841

DES CARACTÈRES PHYSIOLOGIQUES

DES

RACES HUMAINES

CONSIDÉRÉS

DANS LEURS RAPPORTS AVEC L'HISTOIRE.

—

LETTRE A M. AMÉDÉE THIERRY,

auteur de l'*Histoire des Gaulois.*

PAR W. F. EDWARDS,

MEMBRE DE LA SOCIÉTÉ ROYALE DE LONDRES, MEMBRE ASSOCIÉ DE L'ACADÉMIE ROYALE DE MÉDECINE DE PARIS, MEMBRE CORRESPONDANT DE L'ACADÉMIE ROYALE DES SCIENCES DE NAPLES, ETC., ETC.

PARIS, 1829 (1).

MONSIEUR,

Dans un voyage que je viens de faire, j'ai eu l'occasion d'observer quelques faits qui peuvent vous intéresser. J'ai parcouru la plupart des pays qui ont rapport à l'histoire que vous venez de publier, et j'ai cherché à vérifier quelques-unes des distinctions que vous établissez parmi les peuples gaulois. C'est le résultat de cet examen, joint à d'autres observations de même nature, relatives à d'autres points de l'histoire, que je vous offre aujourd'hui. Il paraîtra peut-être sin-

(1) La Société ethnologique a cru devoir, dans l'intérêt de la science, réimprimer le mémoire sur les *Caractères physiologiques des races humaines*, dont la première édition est, depuis plusieurs années, entièrement épuisée. Ce travail a d'ailleurs été l'origine de la formation de la Société; il était naturel qu'il ouvrît la série de ses publications.

1

gulier que je prétende appuyer ou infirmer ce que vous
déduisez de documents historiques par des observations
relatives à l'état actuel des peuples. Quels qu'aient été
les Gaulois jadis, et les grandes familles qu'ils pouvaient
former alors, qu'y a-t-il de commun entre eux et les
peuples qui occupent le même sol aujourd'hui ? Qu'a
l'histoire à démêler avec la physiologie ? quelle lumière
peut-elle en emprunter ? Il y a long-temps que je pense,
et je ne suis pas le seul de cette opinion, qu'elle peut
en tirer un grand secours; et si long-temps elle lui a
été étrangère, c'est faute d'en avoir étudié les rapports.
Il est vrai que jusqu'à l'époque actuelle ni l'une ni
l'autre de ces sciences n'a été cultivée de manière à les
rapprocher et à ce qu'elles se prêtassent des lumières
mutuelles. Votre frère a ouvert la carrière en histoire (1). Il a distingué les divers peuples qui constituaient la nation, et a suivi attentivement les vicissitudes de leur sort. Vous avez adopté sa marche; mais
ayant un plus vaste champ à parcourir, et plus de com-
plications à débrouiller, il vous a fallu employer toutes
les méthodes de critique. Vous parvenez ainsi, à travers
la confusion des temps et des auteurs, à reconnaître
plusieurs grandes familles parmi les peuples dont vous
écrivez l'histoire. Les caractères par lesquels vous les
distinguez sont pris dans la science que vous cultivez.
Vous établissez de la sorte des races historiques qui
peuvent être tout-à-fait indépendantes de celles qu'a-
vouerait l'histoire naturelle. Vous en avez le droit;

(1) Histoire de la conquête de l'Angleterre par les Normands.

car chaque science a ses principes ; mais il se peut aussi
qu'en les suivant vous arriviez au même résultat auquel on parvient par l'application d'une autre science.
Voyons maintenant quelles données nous fournit l'histoire naturelle pour que nous puissions espérer de nous
rencontrer. Il n'y a pas long-temps que l'étude de
l'homme en fait partie. Chose étrange, que ce qui devait nous intéresser le plus, parce qu'il nous touche de
plus près, ait été le plus négligé ! Cette branche de nos
connaissances est si récente, qu'elle a été fondée par
un auteur vivant. Le célèbre Blumenbach a reconnu
dans le genre humain cinq familles auxquelles, suivant lui, tous les peuples peuvent être rapportés. Il a
rendu un grand service en posant ces premières bases.
Mais que peut faire ce petit nombre de groupes pour
éclairer l'histoire ? Ils correspondent à peu près à autant de grandes divisions du monde, et chacun d'eux
embrasse et confond trop de nations pour qu'ils soient
d'un grand secours. Dans leur vaste étendue, cependant, ces divisions du genre humain ne sont pas sans
utilité pour l'historien ; mais cette utilité est très-bor-
née. Depuis peu, deux naturalistes en ont beaucoup
accru le nombre, M. Desmoulins et M. Bory de Saint-
Vincent. Vous ne les en blâmerez pas sans doute, si
les caractères qu'ils ont indiqués suffisent pour distinguer les peuples, et vous croirez, avec raison, que plus
ils auront multiplié leurs divisions, plus ils auront sa-
tisfait aux besoins de l'histoire. Peu vous importe s'il
faut les appeler du nom d'espèces, de variétés, de sous-
variétés ou de races, et dans quel ordre on les classe

entre elles ; vous laisserez ces discussions aux naturalistes. Ce qui vous intéresse c'est de savoir si les groupes qui forment le genre humain ont des caractères
physiques reconnaissables, et jusqu'à quel point les
distinctions que l'histoire établit parmi les peuples peuvent s'accorder avec celles de la nature. Vous voyez
que la question est compliquée. Il ne vous suffirait pas
qu'il y eût de pareils groupes ; il faudrait aussi que,
tels qu'ils existent aujourd'hui, ils eussent toujours
été, du moins dans les temps historiques. S'il en était
ainsi, on puiserait dans cette nouvelle source de la
filiation des peuples, et l'on remonterait à leur origine, malgré les mélanges qui constituent les nations.
Voilà l'état de la question dans sa généralité ; elle a
déjà été traitée par M. Desmoulins. Mais ce sujet, à
cause de sa nouveauté, a besoin d'être repris, et je
vous dirai les raisons qui m'ont conduit à penser que
l'on pourrait retrouver les anciens peuples dans les modernes. Il est indispensable que j'entre d'abord dans
cette discussion, avant d'exposer les observations particulières qui vous intéressent, et celles qui ont trait
à d'autres points de l'histoire. Je ne vous dissimulerai
pas les difficultés ; elles s'offrent en foule. Quand
même les peuples auraient eu des caractères physiques capables de les distinguer, comment supposer
qu'ils aient pu les conserver sans altération profonde
à travers une longue suite de siècles, durant lesquels
ils ont été exposés à tant de causes de changement,
dont une seule, si l'on s'en tient à des opinions généralement répandues, suffirait pour les rendre mé-

connaissables : l'influence du climat sur ceux qui ont
changé de patrie, les progrès de la civilisation ou de
la décadence, et le croisement multiplié des races ?
Et outre ces causes de changement, combien ont péri
par extermination ou ont été expulsés de leur sol natal ?
Lorsque nous lisons l'histoire, et que nous ne consultons que l'impression qui nous reste, en comparant les
temps anciens et les temps modernes, qu'y trouvons-
nous de commun ? Le nom même des nations qui ont
paru avec éclat est éteint depuis des siècles ; dans le
pays qu'elles ont habité tout a pris un nouvel aspect ;
on y parle des langues étrangères ; et si quelque ruine
subsiste encore, elle seule nous retrace le souvenir des
anciens habitants. En histoire, quand un peuple est
conquis, qu'il a perdu son indépendance, qu'il ne
forme plus une nation, il a cessé d'exister ; et dans
ces révolutions politiques comme dans les bouleversements de l'ancien monde, on croirait que chaque
époque désastreuse fait disparaître les races qui avaient
subsisté jusque alors. Mais une autre branche des connaissances humaines, née de nos jours, vient rectifier
ces fausses impressions. Une comparaison plus approfondie des langues fait souvent découvrir dans celles
que l'on parle actuellement les idiomes anciens qui
les ont formées, et l'on établit ainsi, dans des pays où
sans ces indices on ne l'aurait pas soupçonnée, une con-
nexion non interrompue entre les anciens habitants et
les nouveaux.

Mais si les formes du langage laissent des traces dans
les idiomes modernes qui décèlent leur antique ori-

gine, que penserons-nous des formes du corps ? seront-
elles moins persistantes ? n'aurons-nous rien conservé
des traits de nos ancêtres ? Auront-ils changé au gré
du climat de manière à être méconnaissables ? Les mélanges auront-ils tout confondu ? la civilisation tout
régénéré ? la décadence tout dégradé ? la force tout ex-
terminé ou expulsé ? Voilà les questions qu'il faut
examiner succinctement avant d'exposer les observations qui font le sujet de cette lettre. Il fallait d'abord
croire ces observations possibles avant de chercher à
les faire, et les mêmes raisons qui ont servi à ma conviction peuvent servir à la vôtre.

Nous traiterons ces questions sous des points de
vue peut-être nouveaux. Pour apprécier l'influence
du climat sur les formes, les proportions du corps, et
les autres caractères physiques, nous n'en examinerons
pas les résultats sur quelques individus, mais sur les
masses en général.

Peu nous importe, pour l'objet qui nous occupe, ce
que la nature a pu faire dans quelques cas extraordi-
naires. Il faut savoir ce qu'elle fait le plus souvent ; et
nous bornerons nos recherches à ce qu'elle opère dans
des temps limités, puisqu'il s'agit d'applications à
l'histoire. Pour bien connaître les tendances générales
de la nature, il convient de l'étudier sur une grande
échelle ; voyons d'abord quelle influence exerce le climat sur les êtres vivants qui diffèrent le plus de nous,
et qui paraissent les plus susceptibles d'en éprouver
des modifications.

Nous confondrons d'abord, comme on le fait souvent,

sous l'expression générale d'influence du climat, plusieurs autres causes puissantes qui agissent en même temps, et nous verrons ensuite si nous aurons à nous repentir d'avoir fait cette concession.

Des plantes se couvrent ou se dépouillent de poils et d'épines, leurs feuilles se découpent, leur fleurs se colorent diversement, leurs pétales se multiplient, leurs fruits changent de saveur, et leur taille s'élève ou s'abaisse suivant la terre et le ciel de leur nouvelle patrie. Il en est même qui perdent quelques-uns des caractères de leur genre ou de leur famille, comme lorsque les fleurs deviennent doubles ou pleines.

Elles peuvent donc s'altérer profondément, mais elles conservent presque toujours quelques-uns de leurs traits primitifs qui rappellent leur origine.

Quand même un certain nombre d'entre elles aurait été altéré au point de prendre des caractères spécifiques différents, ce qui n'est pas encore arrivé, la plupart ont beau changer de climats, elles restent tellement semblables à elles-mêmes, que l'œil le moins exercé ne saurait les méconnaître.

En admettant les plantes à déposer en faveur de l'influence du climat, on admet les preuves les plus fortes de la puissance de cette cause ; mais on voit, en même temps, combien elle est bornée, puisqu'elle n'atteint pas le plus grand nombre.

Et combien n'en est-il pas qui, transportées dans des régions lointaines, languissent et meurent avec les formes qui leur sont propres ! On voit ainsi qu'il est des forces qui tendent à conserver le type originel avec une telle constance, que bien souvent il se rompt plutôt que de se plier aux changements que les agents extérieurs voudraient lui faire subir.

Il ne me convient pas d'avancer des faits de cette nature, qui ne sauraient être le résultat de mes propres observations, sans les appuyer sur des autorités irrécusables. Je les ai soumis à des botanistes distingués qui, outre leurs connaissances profondes de l'état de la science, ont la plupart voyagé, et réunissent ainsi leur expérience personnelle à celle d'autrui. MM. Desfontaines, de Candolle, Mirbel, Bory de Saint-Vincent. Turpin, m'ont donné leur assentiment.

Si des plantes nous passons aux animaux, nous dirons que l'homme ne peut suivre de l'œil, dans leurs migrations, que ceux qu'il transporte avec lui. Voyons d'abord ce que nous savons de positif sur les animaux domestiques. Mais ici nous distinguerons soigneusement les effets du climat de ceux qui proviennent du croisement des races et d'autres causes étrangères.

Nous voyons que le changement le plus prononcé est celui que subit leur fourrure, qui devient plus épaisse ou moins grande, plus fine ou plus rude, et varie de couleur suivant les extrêmes de froid ou de chaud ; ils deviennent plus gras ou plus maigres ; leur progéniture change quelquefois de dimension; mais la voit-on changer de proportions et de formes? Si les formes et les proportions changent, c'est ordinairement par l'augmentation ou la diminution de la graisse ou des sucs qui remplissent le tissu cellulaire. La charpente osseuse ne reste-t-elle pas la même, et si elle s'altère, c'est dans des cas rares, et dans d'autres qui peuvent être regardés comme des maladies.

En subissant les modifications les plus ordinaires que je viens d'indiquer, ils ne perdent pas plus leur type que tel homme lorsqu'il devient chauve, qu'il éprouve quelque changement dans le teint, ou qu'il gagne ou perd de l'embonpoint ; il conserve presque toujours les traits caractéristiques qui le font reconnaître.

Quant aux animaux voyageurs, comme ils recherchent, autant que possible, l'égalité de température, ils ne sauraient guère subir de changements de la part du climat.

On voit des variétés dans des climats divers, et l'on prétend que ces climats en sont cause. Mais on voit dans le même pays, sous le même ciel, une foule de variétés appartenant à la même espèce. Il faut donc qu'il y ait aussi d'autres causes qui les produisent, et à moins que l'observation ne le constate, on ne saurait faire la part du climat. Combien, d'ailleurs, n'est-il pas d'espèces communes à des régions diverses dont les individus sont partout semblables ? Il en est donc une foule qui, par cela même, sont capables de changer de climat sans changer de formes. Je n'ai pas besoin de dire que la généalogie que Buffon a donnée des différentes races du chien est tout-à-fait arbitraire. Il est vrai qu'on y a cru quelque temps, mais on est devenu plus difficile en fait de preuves ; et M. Desmoulins a remarqué que Buffon lui-même avait ruiné son hypothèse en opérant, dans la suite, des croisements avec le loup et le renard.

Voilà ce que j'avais à vous dire de plus positif à l'époque où je m'occupais de cette partie de mon sujet. Je croyais être parvenu à un résultat satisfaisant ; mais comme les voyageurs n'avaient pas donné à cet objet toute l'attention qu'il mérite, il manquait à mes preuves cet éclat de vérité qui entraîne de suite la conviction. J'étais dernièrement à l'Académie des Sciences, lorsque le docteur Roulin se présenta pour lire un mémoire sur les changements qu'ont subis les animaux domestiques transportés de l'ancien dans le nouveau continent. Il venait de l'Amérique, où il avait résidé six ans. Je savais combien il était propre à résoudre la question et par ses connaissances et par son talent d'observateur. J'allais donc entendre juger les conclusions que j'avais tirées de données peut-être imparfaites, et vous concevez le vif intérêt avec lequel je l'écoutai. La confirmation fut complète. Les animaux transportés dans le nouveau monde n'ont en général éprouvé que ces légers changements que j'ai indiqués plus haut comme résultat de l'influence du climat. Il est à espérer que l'auteur ne tardera pas à donner au public l'ensemble de ses observations qui sont relatives non seulement à l'action du climat, mais aussi à l'influence de la vie sauvage et au développement de l'instinct.

Ce que nous venons de dire des animaux est à plus forte raison applicable à l'homme. Lorsque du Midi il émigre vers le Nord, son industrie lui fournit des moyens puissants pour se défendre contre l'intempérie de l'air.

Il porte, pour ainsi dire, son climat avec lui. Le Lapon, dans sa hutte, se procure la chaleur de la Syrie. Les jeunes filles de la Russie sont précoces, dit-on, comme celles des pays méridionaux.

Que si l'homme savait rafraîchir comme il sait échauffer son atmosphère, il changerait presque impunément de climat, pourvu qu'il menât une vie toute artificielle.

Mais ses passions, qui l'accompagnent, le rendent, la plupart du temps, à la nature, et rompent les combinaisons de son intelligence. Il s'en faut d'ailleurs de beaucoup que les arts mécaniques soient le partage de tous les peuples de la terre. Et même, chez les nations les plus civilisées, une grande portion du peuple est mal pourvue des moyens propres à la garantir des impressions nuisibles de l'air et du ciel.

Malgré ces restrictions, il sera toujours vrai de dire que les hommes, quel que soit leur état social, pourront mieux résister que les autres êtres animés au changement de climat, mais qu'ils ne sauraient entièrement se soustraire à l'influence de cette cause.

Nous voulons en apprécier les résultats, et nous consultons plutôt notre imagination que les faits. Il en est peu cependant de cet ordre qui soient plus multipliés, plus faciles à apprécier dans de certaines limites. Prenons les premiers qui se présentent.

La plupart des pays de l'Europe ont envoyé dans des régions lointaines une partie de leur population, où elle est établie depuis un ou plusieurs siècles; et comme un grand nombre de ces colonies est confin dans des îles où elles sont restées presque sans mélange, on peut y juger de l'influence prolongée du climat. Il y a eu à la vérité un mélange de race plus ou moins étendu avec les esclaves noirs; mais il en est résulté une caste particulière, qui, portant les caractères visibles de son origine, ne peut être confondue avec la population blanche. Celle-ci habite depuis long-temps les régions équatoriales, dans cet extrême de température contre lequel l'industrie de l'homme sait moins le défendre ; et quel en a été le résultat ? L'Angleterre, la France, l'Espagne, méconnaissent-elles leurs enfants ? ou si elles les trouvent un peu hâlés, un peu brunis, plus sensibles au plaisir et moins disposés au mouvement, leur voient-elles des traits différents ? paraissent-ils à leurs yeux comme une race étrangère ou altérée ? Un colon anglais, français, espagnol, ne porte-t-il pas les caractères propres de la mère-patrie ?

Et si quelqu'un avait le tact assez fin pour les distinguer comme colons, il saisirait des nuances si délicates qu'elles échapperaient à la plupart des hommes, et par là n'auraient aucune importance dans la question qui nous occupe.

Ce sont des observations de cette espèce qui ont d'abord fait une impression profonde sur mon esprit. Elles m'ont donné la preuve que des peuples établis dans des climats différents pouvaient conserver leur type pendant plusieurs siècles.

Mais la vérité n'en est peut-être pas assez évidente, parce que les peuples de la mère-patrie n'ayant pas chacun un type unique, mais plusieurs qui n'ont pas été définis, la comparaison serait difficile et embarrassante. Il se pourrait même que, plus frappé des nuances qui les distinguent que des formes et des proportions qui leur sont communes, on arrivât à une conclusion contraire. Je citerai donc un exemple qui ne laissera pas de doute.

Les traits des juifs sont tellement caractérisés, qu'il est difficile de s'y tromper ; et comme il s'en trouve dans presque tous les pays de l'Europe, il n'est point de figure nationale plus généralement connue et plus reconnaissable. On peut les regarder comme des colonies de même race établies dans ces contrées. Depuis des siècles ils font partie de la population des pays où ils se sont fixés ; et s'ils n'ont point participé aux bienfaits du gouvernement, on ne les a pas privés de la liberté d'habiter le même sol, de respirer le même air, de jouir du même soleil. Comme ils ont conservé leur religion, leurs mœurs et leurs usages, qu'ils ont fait peu d'alliances avec les peuples chez lesquels ils demeuraient, il serait difficile de trouver des conditions plus propres à faire ressortir les effets du climat.

D'abord le climat ne les a pas assimilés aux nations parmi lesquelles ils habitent ; et ce qu'il y a de plus important, c'est qu'ils se ressemblent tous dans des climats divers. Un juif anglais, français, allemand, italien, espagnol, portugais, est toujours un juif par la figure, quelles que soient les nuances qu'il présente ; c'est-à-dire que tous ont les mêmes caractères de formes et de proportions, en un mot tout ce qui constitue essentiellement un type.

Ainsi les juifs de ces divers pays se ressemblent beaucoup plus entre eux qu'ils ne ressemblent aux nations parmi lesquelles ils vivent ; et le climat, malgré la longue durée de son action, ne leur a guère donné que des diversités de teinte et d'expression, et peut-être d'autres modifications aussi légères.

De ce qu'ils se ressemblent entre eux partout, il ne suit peut-être pas à la rigueur qu'ils étaient anciennement ce qu'ils sont aujourd'hui. Mais si vous voulez vous contenter d'un espace de trois cents ans, je puis vous en donner une preuve irrécusable. A Milan j'ai vu la Cène de Léonard de Vinci ; ce chef-d'œuvre, tout dégradé qu'il est par l'injure du temps et l'incurie des habitants, conserve encore distinctement les figures de presque tous les personnages. Les juifs d'aujourd'hui y sont peints trait pour trait. Personne n'a représenté comme ce grand peintre le caractère national, tout en conservant aux individus la plus grande diversité. Vous le concevrez facilement si vous vous rappelez combien il aimait les sciences en général, et surtout l'histoire naturelle. Si vous n'avez pas lu sa vie, écrite par M. Beyle dans son *Histoire de la Peinture en Italie*, lisez-la : aucun auteur ne l'a mieux fait connaître.

Je vous ai donné une date précise et authentique ; elle détermine un espace de temps qui peut être considérable comme période historique, mais qui ne l'est pas assez dans la question qui nous occupe.

Quel était le type des juifs à l'époque de leur dispersion ? voilà ce qu'il importerait de savoir. On aurait ainsi une période de plus de mille sept cents ans, pendant laquelle le climat aurait eu le temps d'agir, et nous saurions ce que nous devons en attendre dans un espace qui embrasse à peu près la moitié des temps historiques.

On pourrait se contenter à moins ; mais si vous étiez plus exigeant, et si vous vouliez savoir quel était le type des juifs à une époque plus reculée, je puis vous dire ce qu'il était il y a plus de trois mille ans.

Pour remonter si haut, vous me permettrez de vous dire à quelle occasion je reconnus ce fait ; je ne m'éloignerai guère de mon sujet. Je lisais un ouvrage de M. Prichard sur l'histoire naturelle de l'homme, dans lequel il soutenait une thèse singulière : que les hommes étaient primitivement noirs, et qu'ils devenaient blancs par la civilisation. L'ouvrage est plein d'intérêt, et traité avec un talent remarquable : l'auteur nous montre dans diverses parties du monde une gradation de couleur chez les habitants d'un même pays ; les plus foncées dans les classes inférieures, les plus claires dans les plus riches et les plus puissantes. Vous voyez que ces faits cadrent fort bien avec son hypothèse ; mais vous voyez aussi qu'ils se rapportent tout aussi bien à d'autres faits que nous présentent des peuples dont l'histoire nous est parfaitement connue ; c'est-à-dire des races différentes établies sur le même sol, parmi lesquelles il y a une gradation de puissance et de civilisation : les noirs obéissent aux jaunes ; les uns et les autres soumis, dans des degrés différents, aux blancs ; des nuances intermédiaires résultant du

mélange et occupant dans la société des rangs intermédiaires à ceux de leurs parents.

Parmi les faits rapportés par l'auteur, il y en avait un
qui attira particulièrement mon attention : il citait un
auteur grec qui, en parlant des Égyptiens, dit expressément qu'ils étaient noirs et crépus. J'étais à Londres,
avec le docteur Hodgkin, jeune médecin très-instruit,
actuellement professeur d'anatomie pathologique à l'hô-
pital de Guy, et avec le docteur Knox, profondément
versé dans l'anatomie comparée, et qui, pendant son
séjour en Afrique, avait étudié les races nègres. Je leur
parlai de la citation de l'auteur grec ; et il me vint dans
l'esprit de la vérifier en ayant recours, non au texte,
mais à un monument qui était à notre portée, le tombeau du roi d'Égypte, qui se trouvait alors à Londres,
et que vous avez probablement vu à Paris. En ce cas,
vous savez qu'une multitude de figures y sont peintes
de grandeur naturelle, dont la plupart représentent
des personnes du peuple. Leur teint, à la vérité,
est d'un brun très-foncé, mais elles n'ont ni la couleur ni les cheveux crépus du nègre. Ces caractères ne
se voient que dans un très-petit nombre à part, qui
évidemment sont des nègres éthiopiens. A côté se trouvent deux autres petits groupes de nations étrangères,
dans l'une desquelles nous reconnûmes d'une manière
frappante la nation juive. J'avais vu la veille des juifs
qui se promenaient dans les rues de Londres : je croyais
voir leurs portraits.

Je ne doute pas que le témoignage de MM. Knox et
Hodgkin, et le mien, ne vous paraissent suffisants ; je

ne cherchais pas d'autres preuves, lorsque, lisant depuis peu le Voyage de Belzoni en Égypte, je trouvai, à l'endroit où il décrit les figures de ce tombeau, les passages suivants : « On distingue, à l'extrémité de ce cortége, des hommes de trois sortes de nations, qui diffèrent des autres individus, et qui représentent évidemment des Juifs, des Éthiopiens et des Perses (*Voyages en Égypte et en Nubie*, Paris, 1821, pag. 389, t. I) ; et ailleurs, p. 390 : « On y distingue des Perses, des Juifs et des Éthiopiens ; les premiers à leurs costumes, auxquels on les reconnaît toujours dans les tableaux qui représentent leurs guerres avec les Égyptiens ; les Juifs sont reconnaissables à *leur physionomie et à leur teint*, et les Éthiopiens à la couleur de leur peau et à leur parure. »

Voici donc un peuple qui subsiste avec le même type pendant une longue suite de siècles, qui embrasse presque toute l'étendue des temps historiques ; durant la première moitié de cette période éprouvant des désastres inouïs ; durant l'autre moitié dispersé dans des climats divers, persécuté, honni, vilipendé, formant une caste de parias, le rebut du genre humain. On ne saurait guère imaginer une réunion de circonstances plus propres à modifier profondément l'organisation physique d'un peuple ; il faut donc que la nature humaine ait une grande force de résistance pour avoir su en triompher.

Ce grand exemple paraît comme une expérience rigoureuse faite dans le dessein de constater l'influence des climats divers sur les formes et les proportions humaines dans toute l'étendue des siècles historiques.

N'en forçons pas cependant les conséquences ; tous les peuples ne seraient peut-être pas également aptes à résister de même ; mais s'ils ne conservaient pas toujours leur type avec la même constance, admettons du moins que telle est la tendance de la nature, et que s'ils n'étaient exposés qu'à cette seule cause d'altération, une grande partie conserverait les traits caractéristiques de leurs ancêtres dans une longue suite de temps.

Mais que peut faire le climat en comparaison du croisement des races ? Or tous les peuples dont nous connaissons l'histoire y ont été plus ou moins soumis ; cause d'autant plus puissante qu'agissant sur l'organisation intime, elle préside à la première formation de l'être, et semble devoir toujours en altérer les formes. Si elle agissait sans frein, peut-être qu'elle confondrait tout ; mais elle a des bornes : et d'abord il y en a d'évidentes, qu'il suffit de nommer. Les différences de castes et de rangs, dont l'origine remonte souvent à une différence de race, opposent en premier lieu une barrière qu'on franchit souvent par quelques endroits, malgré la sévérité des lois et la force des préjugés, mais qui retient long-temps la multitude. Ces restrictions, tout artificielles qu'elles sont, n'ont pas laissé de durer chez certains peuples depuis qu'ils ont commencé à paraître distinctement sur la scène du monde. Néanmoins, comme toutes les institutions humaines doivent céder au temps, et qu'ailleurs tous les rangs ont été bouleversés, voyons ce qui arriverait

dans un état de choses où l'impulsion de la nature ne
connaîtrait pas de frein. Or nous établirons ici des
principes qui nous serviront de guides dans la suite,
et qui dépendent de la proportion numérique des
races qui se mêlent et de leur distribution respective
sur le même territoire.

D'abord le nombre relatif; supposant que le pen-
chant au mélange soit sans entraves. Ici nous savons
à point nommé ce que fait la nature lorsque la disproportion est grande ; le type du très-petit nombre peut
disparaître entièrement. Voici dans quelles conditions
et après combien de générations le fait a lieu ordinairement. On croise un animal domestique avec un
autre d'une race différente ; on croise ensuite le produit
de ce mélange avec un individu de l'une de ces races
pures. Le nouveau produit se rapproche de celle-ci.
On continue les croisements d'après le même principe,
jusqu'à ce que le dernier produit rentre dans un des
types primitifs ; ce qui arrive en général au bout de
la quatrième génération. Ce résultat peut avoir lieu
plus tôt ou plus tard ; il peut même, suivant ce que
j'ai appris de M. Girou de Buzareingues, se faire attendre jusqu'à la treizième génération et peut-être au-
delà : mais ce fait est rare, et de quelque importance
qu'il soit pour la science, nous ne cherchons pas les
extrêmes, mais ce qui a lieu communément. D'ailleurs
nous avons des renseignements positifs sur ce qui arrive en pareil cas dans les races humaines dont les
traces, dans les générations successives, sont les plus
reconnaissables : celles des nègres ou des blancs dis-

paraissent dès la quatrième ou la cinquième génération, conformément au résultat général que nous avons
indiqué chez les animaux domestiques.

Ce fait paraît d'abord défavorable à la recherche des
anciennes races dans les modernes. Oui, sans doute,
si l'on se proposait de retrouver tous les éléments qui
ont formé une nation, quelque faibles qu'ils aient été;
mais lorsqu'il s'agit des grandes masses, remarquez
combien l'examen devient plus facile par cette éli-
mination.

Supposons toutefois que le type subsiste à cause des
entraves mises au mélange; à plus forte raison, le plus
petit nombre n'aura pas altéré les formes du plus grand.
Voilà un principe d'une grande importance, dont
nous ferons souvent l'application.

Prenons maintenant l'autre cas extrême, où les deux
races sont en nombre égal; que faut-il pour qu'elles
se confondent en un seul type intermédiaire?

Il faut que chaque individu de l'une s'unisse à un
individu de l'autre; il faut que chacun ait une grande
part dans la fusion des caractères; car de légères
nuances ne défigurent pas un type.

Voilà des conditions impérieusement requises;
croyez-vous qu'elles soient faciles à remplir? Nous ne
dirons pas que cet équilibre est impossible; il est rare
que l'on puisse se permettre de pareilles assertions;
mais nous dirons que, tout en supposant la possibilité
de cette égalité, nous ne devons jamais nous y attendre.

Car qui peut supposer que chaque individu d'une
race s'unisse à un individu de l'autre? De pareilles

unions ne sauraient être l'effet du choix, mais de la nécessité ; et quelle nécessité ? Je ne connais que celle d'obéir au desposte le plus absolu et tel qu'il n'en a jamais existé. Admettons cependant qu'elle ait lieu ; le peuple ne sera qu'un vil troupeau ; et pour savoir ce que serait le fruit de son obéissance, examinons ce qui arrive chez d'autres êtres aussi abrutis et également asservis à la volonté d'un maître.

Vous savez que des races différentes d'animaux se croisent suivant la volonté de l'homme, et que le produit des croisements que vous connaissez le mieux participe de l'une et de l'autre souche.

Il forme ainsi un type nouveau, mais intermédiaire, et par cela même distinct et particulier ; car, n'ayant que des ressemblances partielles avec ceux dont il dérive, il ne représente plus ni l'un ni l'autre.

Voilà ce que l'on sait généralement, et l'on ne connaît guère que des faits de cet ordre. Il en est cependant qui démontrent une autre tendance de la nature, qui nous intéresse ici particulièrement. M. Coladon, pharmacien de Genève, pour multiplier les expériences sur les croisements de races et étendre nos idées sur ce sujet, éleva un grand nombre de souris blanches et de souris grises. Il en étudia attentivement les mœurs et trouva le moyen de les faire produire en les croisant. Il commença alors une longue suite d'expériences en accouplant toujours une souris grise à une souris blanche. Quel résultat attendez-vous ? qu'il y ait eu souvent des mélanges ? Non, jamais. Chaque individu des nouveaux produits était ou entièrement gris ou entièrement blanc, avec les autres caractères de la race pure ; point de métis, point de bigarrure, rien d'intermédiaire, enfin le type parfait de l'une ou de l'autre variété. Ce cas est extrême, à la vérité : mais le précédent ne l'est pas moins ; ainsi les deux procédés sont dans la nature : aucun ne règne inclusivement.

En réfléchissant aux rapports dans lesquels se trouvent les races primitives, voici des conditions qui peuvent faire prévaloir l'un ou l'autre de ces effets. Quand les races diffèrent le plus possible, comme lorsqu'elles ne sont pas de la même espèce, telles que l'âne et le cheval, le chien et le loup ou le renard, leur produit est constamment métis. Si au contraire elles sont très-voisines, elles peuvent ne pas donner naissance à des mélanges, et reproduire les types purs primitifs. Voilà deux principes fondamentaux et féconds en applications. Quelque légitimes qu'elles soient, nous nous en abstiendrons jusqu'à ce que nous ayons fait voir que la même tendance existe chez l'homme. Continuons cependant à pénétrer plus avant dans ce sujet en ne le considérant d'abord que chez les animaux. Je n'ai pas besoin d'appuyer sur ces faits pour les confirmer ; comme ils sont authentiques, on est forcé de les admettre malgré leur apparente contradiction.

Que la nature tantôt confonde, tantôt sépare les types, il n'y a rien là que de très-conforme à sa marche ordinaire, puisqu'on voit ses efforts sans cesse conspirer ou se combattre ; puisqu'on la voit toujours occupée à produire, conserver et détruire.

Mais ce n'est pas à ces généralités que nous devons

nous borner. En examinant les faits de plus près, nous trouvons la plus grande conformité précisément où nous voyons au premier coup d'œil le plus de contraste. Dans le croisement de races très-éloignées, le métis présente un type différent de celui de la mère, malgré certaines conformités. Lorsque deux races voisines reproduisent l'un et l'autre type primitif, la mère donne aussi naissance à un être qui diffère d'elle. Voilà la conformité des faits ; mais remarquez que dans ce dernier croisement la mère reproduit un être plus semblable à elle-même que dans le premier ; elle s'éloigne donc moins dans cas de la tendance la plus générale de la nature, qui est la propagation des mêmes types. Elle s'y conforme bien plus encore lorsqu'on considère cette tendance sous son véritable point de vue.

Dans les classes inférieures des animaux il n'y a pour ainsi dire qu'un sexe, puisqu'il n'y a pas de distinction parmi les individus quant aux organes de la reproduction, et chaque être donne la vie à un autre parfaitement semblable à lui-même. Il n'y a donc ici qu'un seul type de procréé. Dans les ordres plus élevés deux sexes concourent à la formation de deux individus qui les représentent ; ainsi la mère met au jour tantôt l'un fait à son image, tantôt l'autre qui retrace celle du père. Or elle produit deux types très-distincts malgré leurs rapports, et à tel point que le mâle et la femelle d'une même espèce diffèrent souvent plus entre eux que l'un et l'autre ne diffèrent d'individus de même sexe dans des espèces voisines. Cela est si vrai, que le mâle et sa femelle, chez des animaux dont

on n'avait pas eu l'occasion d'observer les habitudes,
ont fréquemment été classés comme des espèces diverses ; les insectes et les oiseaux surtout en ont fourni
des exemples nombreux.

Il est manifeste que les observations de M. Coladon
rentrent dans cet ordre de faits, considérés dans leur
généralité, puisque la mère produit deux types, dont
l'un représente celui de sa propre race, et l'autre les
caractères physiques de la race du père. Je pourrais citer d'autres exemples tirés des animaux; mais, comme
le résultat des expériences de M. Coladon est plus
tranché, je m'en tiens à cet exemple frappant.

Ce qui nous importe davantage, c'est que les mêmes
phénomènes arrivent chez l'homme, et, qui plus est,
dans les mêmes conditions que j'ai indiquées. Les races humaines qui diffèrent le plus entre elles donnent
constamment des métis. C'est ainsi que le mulâtre
résulte toujours du mélange des races blanches et noi-
res. L'autre observation de la reproduction des deux
types primitifs, lorsque les parents sont de deux variétés voisines, est moins notoire, mais n'en est pas
moins vraie. Le fait est commun chez les nations européennes. J'ai eu de fréquentes occasions de le reconnaître. Le phénomène n'est pas constant; mais
qu'importe? Le croisement produit tantôt la fusion,
tantôt la séparation des types; d'où nous arrivons à
cette conclusion fondamentale, que les peuples appartenant à des variétés de races différentes, mais voisines, auraient beau s'allier entre eux de la manière hy-
pothétique que nous avons décrite plus haut, une

portion des nouvelles générations conserverait les types primitifs.

Ce qui tend encore à les maintenir est la distribution géographique des peuples de race différente sur le même territoire. Car qui peut admettre une répartition tellement égale qu'il ne s'y forme une multitude de groupes où tantôt l'un, tantôt l'autre, prédomine dans une grande proportion? Cette condition seule suffit pour empêcher l'extinction des types primitifs.

Il en disparaît aussi par extermination; des tribus, des peuplades, peuvent tomber sous le fer ennemi, mais difficilement une nation, et surtout une race entière. Les Guanches ont disparu; ils ont été anéantis principalement par cette cause; mais ils étaient confinés dans de petites îles. Si les Caraïbes ont cessé d'exister de même dans les îles de l'Amérique, leur race subsiste encore sur le continent. Je n'en connais guère d'autres exemples bien avérés; car je n'adopte pas l'opinion généralement répandue parmi mes compatriotes de l'extinction des anciens Bretons sur le territoire conquis par les Saxons. Je m'intéresse beaucoup à cette question, comme vous le verrez dans la suite, et je la discuterai brièvement, de manière à ce que cet exemple serve pour la plupart des autres. Remarquez toutefois que je ne nie pas la possibilité du fait; je ne traite que de sa probabilité. Et souvenez-vous que les Bretons n'étaient pas des sauvages, mais qu'ils avaient un certain degré de civilisation; ce qui change essentiellement les rapports de deux peuples, comme je le ferai voir plus tard.

Quel intérêt avaient les Saxons à les expulser ou les exterminer entièrement? Ils firent la conquête de l'Angleterre pour y jouir d'une plus grande aisance; c'était à une époque où les esclaves faisaient une partie considérable des richesses; se seraient-ils privés d'une pareille ressource? ou les Bretons auraient-ils eu un si grand amour de la liberté et un si profond mépris pour la vie, qu'ils aient préféré la mort à l'esclavage lorsqu'ils ne pouvaient s'y soustraire par la fuite? Quelle qu'ait été la valeur naturelle des Bretons ou leur esprit d'indépendance, ils ne paraissent pas avoir eu ce caractère à cette époque : leur supplique aux Romains pour les rappeler à leur défense en fait foi, ainsi que l'alliance des Saxons, qu'ils réclamèrent en désespoir de cause. Une pareille constance n'est pas admissible chez les Bretons, ni à cette époque, ni à aucune autre, ni chez aucune nation. Un petit nombre peut se dévouer, mais non tout un peuple. Les Romains, c'est assez dire, rendaient les armes et se soumettaient à l'esclavage.

Il faudrait une constance d'un autre genre et non moins incroyable pour qu'un peuple exterminât une grande nation. Il faudrait une persévérance de cruauté et de rage qui n'est guère dans la nature humaine. Une fois une pareille proposition a été faite et mise en délibération : ce fut à l'époque de la conquête du nord de la Chine par Gengis-Kan, ou Tchinghis-Khahan, ainsi qu'on l'écrit actuellement d'après l'orthographe primitive. Comme un événement si étrange, et peut-être unique dans tous les siècles, mérite d'être connu

dans ses détails, je le rapporterai tel que M. Abel Rémusat vient de le publier. « Au moment où Tchinghis
était revenu de son expédition d'Occident, Yeliu-thou-
thsaï (1) avait eu occasion de rendre aux peuples de la
Chine un service encore plus important. Les greniers
se trouvaient vides; on n'avait pas un boisseau de grain
ni une pièce d'étoffe. Il fut alors représenté dans le
conseil que les Chinois n'étaient d'aucune utilité pour
le service de l'état, et qu'en exterminant toute la population des provinces conquises on ferait de ces pays
d'excellents pâturages, qui seraient du plus grand secours. Thou-thsaï seul peut-être pouvait faire rejeter
cette épouvantable proposition. Il fit remarquer à l'empereur qu'en s'avançant vers le midi de la Chine ses armées auraient besoin d'une infinité de choses qu'il serait
aisé de se procurer, si l'on voulait asseoir sur une base
équitable les contributions territoriales et les taxes
commerciales, l'impôt sur le sel, le fer, le vin, le vi-
naigre, le produit des montagnes et des lacs; que de
cette manière on pourrait tirer par an cinq cent mille
onces d'argent, quatre-vingt mille pièces d'étoffes,
plus de quarante mille quintaux de grain, en un mot
tout ce qui serait nécessaire à l'entretien des troupes.
Comment, ajouta-t-il, peut-on dire qu'une telle population ne soit d'aucune utilité pour le service de l'é-
tat? » Vous concevez bien que ses raisons prévalurent,
quoique les Mongols fussent d'une cruauté atroce.

Une nation, j'entends par là une population très-

(1) *Biographie Universelle* de Michaud, au mot YELIEU-THOU-THSAÏ.

nombreuse, peut être dépossédée d'une grande étendue de territoire ; encore ce fait est-il extrêmement rare, et les sauvages seuls en fournissent un exemple : ceux de l'Amérique ont abandonné aux Européens de vastes contrées. Et l'on conçoit en effet que la cohabitation devait être difficile à cause de l'extrême incompatibilité ; car un sauvage ne possède rien, ne sait rien, n'est bon à rien. Mais dans l'histoire de l'ancien continent il n'est pas question de sauvages ; il ne s'agit que de barbares, c'est-à-dire de peuples qui ont un commencement de civilisation.

Les barbares ont de l'industrie. Voilà ce qui s'oppose aux émigrations complètes forcées ou volontaires ; car les chefs qui proposent une expédition de conquête n'ont ni le pouvoir de traîner après eux ni l'influence capable d'attirer une nation toute entière. Dès qu'on possède, on calcule ; et tous ne calculent pas de même.

Si au contraire elle est envahie et vaincue, le vainqueur ne cherche pas à expulser la nation entière ; il veut de l'espace, surtout s'il est nomade, et il en expulse une partie ; mais comme il veut aussi des tributs, des eslaves ou des auxiliaires, il désire de conserver le reste. Ceux-ci se partagent ; les uns, poussés par l'amour de l'indépendance, abandonnent le sol natal ; les autres entrent en composition avec les vainqueurs.

Telles sont les conclusions qu'on peut déduire sinon de l'histoire, du moins de la connaissance de la nature humaine. Je dirai plus, l'histoire en général les confirme. A cause des bouleversements nombreux et considérables qui ont eu lieu chez les peuples nomades de l'Asie, on croirait à peine en retrouver un seul dans sa première patrie. M. Abel Rémusat, en s'occupant des peuples tartares, les y trouve presque tous, quand l'histoire et les langues lui fournissent des renseignements assez clairs pour qu'il puisse les reconnaître.

J'ai déjà dit quelque chose de l'influence de la civilisation en parlant de l'hypothèse de M. Prichard, et j'ai fait voir que les faits qu'il cite à l'appui peuvent s'expliquer plus naturellement par le mélange des races sur le même sol. J'ajouterai que l'influence de la civilisation sur les formes et les proportions des races humaines nous est absolument inconnue.

Il ne faut donc ni prétendre d'une part qu'elle doit leur imprimer un caractère nouveau, ni d'autre part le nier. Il est possible que le passage de l'état sauvage à l'état civilisé produise de pareils effets ; mais cette question ne nous regarde pas, puisqu'il s'agit de temps si reculés et si obscurs qu'ils sortent des limites de l'histoire. La mythologie et la fable ont pu nous en tracer le tableau imaginaire, mais jamais l'histoire ne nous a montré un peuple d'abord dans l'état sauvage, puis inventant ou apprenant les arts. Elle le fera un jour, lorsque les sauvages du nouveau monde auront subi cette révolution, la plus grande que puisse éprouver la société humaine ; mais la postérité seule entendra ces récits dans des temps probablement fort éloignés.

Quant aux progrès d'une civilisation avancée chez un peuple dont les caractères physiques seraient déjà changés pour avoir quitté la vie sauvage, ses effets sur les formes et les proportions ne sauraient être que partiels ; car elle est toujours très-irrégulièrement répandue chez une nation, et les classes inférieures, qui sont les plus nombreuses, y participent très-peu. Ce raisonnement vous paraîtra sans doute concluant ; mais j'irai plus loin, en m'appuyant sur l'observation directe : c'est que partout où j'ai déterminé un ou plusieurs types, je les ai trouvés dans tous les rangs de la société, dans les villes et dans les campagnes, depuis le paysan et l'ouvrier sédentaire les plus pauvres et les plus ignorants jusqu'aux personnes de familles anciennes et distinguées par tous les genres d'illustration. Ces différentes classes représentent à coup sûr tous les degrés de civilisation, et cependant le même type subsiste dans toutes. En voilà assez pour prouver qu'il peut se conserver à travers ces modifications de l'état social. Nous n'en demandons pas davantage ; nous n'avons pas besoin de pousser plus loin nos recherches.

Je crois avoir examiné cette partie de mon sujet sous les points de vue les plus importants, et n'avoir rien négligé pour m'assurer de la vérité. La question était compliquée et obscure ; je me suis attaché à la simplifier et à l'éclaircir ; et je ne doute pas que vous ne soyez parvenu avec moi à la conviction que les principaux caractères physiques d'un peuple peuvent se conserver à travers une longue suite de siècles dans une grande partie de la population, malgré l'influence

du climat, le mélange des races, les invasions étrangères, et les progrès de la civilisation. Vous n'oublie-
rez pas, j'espère, dans le cours de ces recherches, que
nous les avons bornées aux temps historiques, lesquels
ne commencent qu'après qu'un peuple a commencé à
être civilisé. Nous devons donc nous attendre à retrouver chez les nations modernes, à quelques nuances
près et dans une portion plus ou moins grande, les
traits qui les distinguaient à l'époque où l'histoire apprend à les connaître. Nous avons vu que si l'accession
de nouveaux peuples multiplie les types, elle ne les
confond pas ; leur nombre s'accroît et par ceux que
ces peuples apportent et par ceux qu'ils créent en se
mêlant ; mais ils laissent subsister les anciens ; toutefois en les restreignant à raison de l'extinction que
prennent les races intermédiaires. Ainsi les types primitifs et ceux de nouvelle formation subsistent ensemble sans s'exclure chez les peuples plus ou moins ci-
vilisés, toutes les fois que chacun d'eux fait une grande
partie de la nation. Au contraire, si l'un ou plusieurs
d'entre eux ont été peu considérables, il est à présumer que leurs types ont disparu, ou n'ont laissé que
de faibles traces. Cependant il est permis de les chercher, puisqu'il y a des causes capables de les conserver ; mais si on ne les trouve pas, qu'on n'en soit
pas surpris : il serait plus étonnant de les découvrir.

Les principes qui nous ont conduits à ce résultat
général serviront aussi à l'appliquer. C'est pourquoi
je vous engage à ne pas perdre de vue ce que nous
avons dit de la proportion numérique et de la distri-

bution géographique des peuples sur le même sol. L'observation donne l'état actuel ; l'histoire fournit les données sur l'état ancien ; la comparaison établit le rapport, lorsque ces peuples se sont trouvés dans les conditions requises pour que leurs types subsistent. Or, comme nous avons vu que cette persistance appartenait surtout aux grandes masses, nous devons être conduits à retrouver principalement les descendants des grandes nations. Cet objet, sans contredit, est aussi le plus digne de nos recherches ; et, bien que les petites fractions étrangères qui s'y sont mêlées dans la suite puissent piquer notre curiosité, n'ayons pas trop de regret si elles nous échappent : il faut savoir se borner. De là naîtra même une sûreté de plus dans nos déterminations ; car la multiplicité des types doit tendre à nous embarrasser et à nous confondre.

Tel est d'abord l'état de notre esprit lorsque nous nous rappelons confusément ce débordement de barbares qui a renversé l'empire romain, et qui a continué assez long-temps après. La longue liste de ces peuples effraie l'imagination. Il semblerait que tout ce vaste territoire dût à peine leur suffire, quand même ils l'auraient occupé seuls. Dans la terreur panique que le lecteur partage avec les nations envahies, il en grossit la multitude et la croit innombrable. Cependant les historiens en ont souvent tenu compte, ou nous ont fourni des renseignements propres à nous donner des idées plus justes ; mais c'est précisément ce qui nous échappe, et ce qu'il faut rappeler. Prenons les principaux exemples ; ils suffiront pour débarrasser notre esprit d'une foule de préoccupations qui l'offusquent. Certes, on n'accusera pas les auteurs grecs et latins, et ceux des pays conquis, d'avoir dissimulé le nombre de leurs ennemis, mais plutôt de l'avoir exagéré pour pallier la honte de leur défaite.

Les Visigoths, les Vandales, les Huns, les Hérules, les Ostrogoths, les Lombards, les Normands, fondent successivement sur l'Italie. Que reste-t-il en Italie de ces essaims de barbares? Ai-je même besoin du dénombrement des Visigoths, des Vandales et des Huns? ils n'ont fait que passer. Si j'ignore quelles étaient les forces des Hérules et des Ostrogoths à leur entrée en Italie, ne me suffit-il pas de savoir que les Hérules, à peine établis, eurent à soutenir contre les Goths une guerre sanglante où ils succombèrent? Et l'on peut juger de l'affaiblissement des vainqueurs par le petit nombre de troupes qu'ils eurent dans la suite à opposer à Bélisaire, après avoir eu le temps de se consolider et de se refaire. D'abord cinquante mille hommes, ils furent réduits ensuite à un corps de sept mille, qui capitula et fut transporté à Constantinople. Sans doute il resta en Italie quelques débris de ces peuples, quoiqu'il n'en soit pas question; mais que pouvaient-ils être ou devenir dans la population d'Italie, quelque réduite qu'on la suppose? Les Lombards, qui ont laissé leur nom à une grande partie de cette contrée, et qui en possédaient plus de la moitié, y sont demeurés. Combien étaient-ils? peut-être cent mille portant les armes (1). Et les Normands, qui s'emparè-

(1) Je n'ai trouvé ce nombre que dans l'*Histoire des peuples de l'Italie,*

rent de presque tout le midi de l'Italie ? une poignée d'hommes, mais aussi les Amadis et les Roland de l'histoire. La Gaule a changé de domination et de nom sous les Francs : cependant vous savez combien peu l'armée de Clovis était nombreuse ; et plus tard Guillaume le Conquérant subjugua l'Angleterre avec soixante mille hommes. Voilà de grandes et de mémorables conquêtes, qui ont changé l'état des choses et des hommes, mais qui n'ont pas dû produire des changements considérables dans les types des peuples vaincus. Si quelques descendants de ces vainqueurs ont conservé les caractères physiques de leurs ancêtres, il est évident ou qu'ils forment de petits groupes ou qu'ils sont disséminés et comme perdus dans la masse de la population. Beaucoup d'autres conquêtes ressemblent à celles-ci, surtout quand elles ont eu lieu par une seule irruption ; parce qu'en général une nation ne se précipite pas sur une autre, mais une portion souvent très-petite vient subjuguer une nation tout entière.

Tel a été l'état ordinaire des choses dans les temps

par M. Botta. Il est à présumer que cet auteur distingué l'a pris quelque part. Quoi qu'il en soit, il n'en fallait pas tant pour subjuguer toute l'Italie à cette époque de décadence. L'empire d'Orient, qui venait de s'épuiser en efforts pour expulser les Goths, commença l'entreprise avec dix mille hommes, et n'en eut jamais plus de vingt mille à leur opposer. Aussi les Lombards s'établirent dans le nord de l'Italie presque sans obstacles. Les Lombards d'ailleurs n'étaient pas une nation, mais, pour ainsi dire, une peuplade. Ils eurent besoin d'auxiliaires, et l'on voit dans leur historien, Paul Diacre, qu'ils amenèrent avec eux vingt-cinq mille Saxons, qui, les quittant ensuite, furent presque exterminés par les Francs.

historiques qui nous sont bien connus, sans qu'il faille entrer en aucune distinction relativement au but de la conquête. Mais combien n'ont pas été faites dans des vues purement politiques, pour acquérir la suprématie, pour dominer sur un peuple, et non pour s'établir sur son territoire et changer de patrie ? Tel, vous le savez, a été l'objet constant des Romains en fondant leur empire ; et ce n'est pas sans dessein que je les ai cités, ainsi que la plupart des barbares qui ont renversé leur puissance : vous en pressentez l'application.

Il est cependant d'autres conquêtes qui opèrent de grandes mutations : les invasions successives par un même peuple. Leurs flots répétés, quand même ils se suivraient à des intervalles assez considérables et que leur source serait faible, finissent par s'accumuler et former de grandes masses qui subsistent. C'est ainsi que les Saxons se sont emparés de l'Angleterre, et que leur race a pu se perpétuer.

Une autre cause du mélange des peuples, qui frappe moins l'imagination, mais n'en est pas moins réelle, se trouve dans l'esclavage des temps anciens et du moyen âge. Si les esclaves provenaient des guerres que les peuples, non réunis en corps de nation, se sont faites entre eux, les types du pays n'auront pas changé. Il en sera de même s'ils proviennent de peuples voisins lorsqu'ils sont de même race. S'ils dérivaient de sources tout-à-fait étrangères, soit par des expéditions militaires, soit par les importations du commerce, il sera résulté de la multiplicité et de la diversité de ces

sources un amas confus, qui rentre dans la partie in-
déterminable de la population.

Si cependant, car il faut tout prévoir, il y avait eu
une telle prédominance dans plusieurs de ces races
d'esclaves qu'elles se soient maintenues jusqu'à nos
jours, leurs types appartenant à des classes moins nombreuses ne sauraient embarrasser dans la détermination de ceux qui caractérisent la masse de la nation.

Vous pensez bien que je distingue soigneusement
les esclaves d'avec les serfs ; ceux-ci sont les naturels
du pays, le corps du peuple attaché à la glèbe par la
main du vainqueur ; et si dès lors l'histoire les oublie
ou n'en tient plus compte, il est de la nécessité de mon
sujet que je ne fasse pas de même. Vous en aurez un
exemple manifeste lorsque vous verrez reparaître sur
la scène du monde un de ces peuples qu'elle croyait
éteints.

Nous avons consulté l'histoire naturelle et l'histoire
civile, et il résulte de leur accord que les descendants
directs de presque toutes les grandes nations connues
dans l'antiquité doivent exister encore aujourd'hui.
Remarquez que cette conclusion ne serait pas moins
vraie quand même nous n'aurions pas le moyen de les
reconnaître ; car l'extraction des individus est un fait,
leur ressemblance avec leurs ancêtres un autre, qui
peuvent être liés dans la nature, mais qu'il ne faut pas
confondre dans notre esprit. Ce serait déjà une grande
vérité d'établie, encore qu'il fallût s'y borner. Mais ce
n'est qu'un premier pas. J'ai constamment supposé jus-

qu'ici qu'il y avait des types caractéristiques des peuples anciens ; il le fallait bien; car avant tout il convenait de s'assurer si les types sont transmissibles malgré l'influence des causes perturbatrices que nous avons examinées. Rassurés sur ce point, nous allons nous occuper de l'autre. Et voici un autre avantage qui résule de la manière dont nous avons envisagé notre sujet : si de pareils types ont existé, ils existent encore aujourd'hui, d'après la discussion que nous venons d'établir. Or la marche à suivre est évidente ; il s'agit d'abord de constater par l'observation si chez les peuples qu'on veut étudier il y a un ou plusieurs types distincts. Si l'on en trouve, il faut ensuite chercher les moyens de les rapporter à leur origine. Me voici arrivé au moment où je puis vous rendre compte des observations que j'ai faites, en vous faisant d'abord connaître les fondements sur lesquels elles reposent. Il faut donc que vous sachiez ce qu'il y a d'essentiel dans les caratères physiques pour constituer un type.

Les caractères tirés de la forme et des proportions de la tête et des traits du visage tiennent certainement le premier rang. Vous allez le sentir sans qu'il faille développer les principes de classification en histoire naturelle. A quoi reconnaît-on principalement l'identité d'un homme? Ce n'est ni à sa taille, ni au degré de son embonpoint, ni à la coloration de sa peau, ni à sa chevelure ; mais au visage, c'est-à-dire à la forme de la tête et aux proportions des traits de la face. La vue de cette seule partie du corps suffit pour le faire reconnaître, tandis qu'il serait facilement confondu avec une foule d'autres s'il se présentait sous tout autre aspect.

C'est ainsi que la sculpture représente un individu par un buste. L'identité est parfaitement reconnue. Supposez maintenant qu'on le décrive dans des termes clairs et précis : la description s'appliquera bien à l'individu, mais ne le distinguera pas comme tel. La parole ne saurait rendre les nuances qui constituent l'individualité ; mais la description embrassera tous ceux qui seront formés pour ainsi dire sur le même modèle, c'est-à-dire tous ceux qui se ressemblent le plus possible. On ne saurait, je crois, arriver par un moyen plus rigoureux à déterminer l'identité de race, puisqu'il présente la plus grande approximation aux caractères de l'individualité, en faisant abstraction des nuances que j'ai indiquées, et que je considère, pour ainsi dire, comme fugitives ; car la même personne peut varier à leur égard sans devenir méconnaissable. Je ne néglige pas les modifications relatives à la chevelure, à la coloration de la peau, à la taille, lorsqu'elles sont assez générales ; elles acquièrent alors par cette association une grande valeur ; mais je les regarde toujours comme très-secondaires et absolument impropres à fonder par elles-mêmes des caractères de race, excepté dans les cas extrêmes.

Remarquez que plus j'aurai été exigeant sur l'identité du type, plus mes applications à l'histoire devront inspirer de confiance. Il se peut que la nature, dans la création de races, ait pris plus de latitude ; je n'en doute même pas, puisqu'en suivant de préférence un

modèle elle s'en écarte souvent en différentes direc-
tions, par des causes même qui nous sont inconnues ;
à tel point quelquefois qu'il en résulte les plus grandes
déviations, qu'on a désignées par le nom de monstres.
Ainsi en limitant étroitement le type, en écartant les
ressemblances qui ne réunissent pas tous les caractères
essentiels, le nombre des applications diminue, mais
leur certitude augmente.

Ce groupe bien déterminé, plus il est grand, plus il
donne de confiance aux déductions qui en dérivent. Car
on ne pourrait le considérer comme une de ces déviations accidentelles qui ne caractérisent pas un peuple.
C'est pourquoi je me suis attaché, dans le récit de ce
que j'ai observé, à vous donner une idée de la multiplicité des mêmes impressions.

J'en ai assez dit maintenant pour que vous puissiez
me suivre avec confiance et intérêt; car dans ces ma-
tières l'intérêt ne peut naître que de l'espoir bien fondé
d'arriver à la vérité. Vous m'accompagnerez, pour
ainsi dire, dans mon voyage à travers la France, l'I-
talie, et une partie de la Suisse ; vous assisterez à mes
observations ; et ce n'est que lorsqu'elles seront assez
multipliées, assez étendues, qu'il s'agira d'en discuter
l'application.

A peine arrivé sur les frontières de la Bourgogne,
je commençai à démêler un ensemble de formes et de
traits qui constituaient un type particulier. Il devenait
plus prononcé, et se reproduisait plus souvent à mesure
que j'avançais dans le pays. Il se présentait fréquemment le long de la route d'Auxerre à Châlons. J'ar-

rivai dans cette ville un jour de marché. Je m'empressai d'y aller pour observer les figures de la population
de la campagne aux environs : je fus surpris d'en voir
un grand nombre totalement différentes de celles que
j'avais vues auparavant. Les unes et les autres présentaient des types tellement distincts qu'ils formaient
entre eux un parfait contraste. Ce n'est pas ici le lieu
de les décrire ; je le ferai plus tard, lorsqu'il s'agira
de discuter leur dénomination historique. Je me gar-
dai bien dans le moment de faire aucune conjecture
à cet égard : je les avais vues dans une trop petite
étendue de territoire pour les distinguer parmi les
peuples qui l'avaient occupé. Je me contentai donc de
remarquer les faits et d'en conserver le souvenir,
jusqu'à ce que l'occasion se présentât d'en tirer parti.

Le type prédominant et bien caractérisé que j'avais
observé jusqu'à Châlons continua à s'offrir fréquemment à mes yeux pendant tout le reste de ma route
dans la Bourgogne.

Il ne changea pas de nature dans le Lyonnais, quoiqu'il changeât de teinte.

Il en fut de même dans le Dauphiné. Les mêmes
caractères de formes et de proportions, avec une autre
nuance de teint, se présentèrent dans la Savoie jusqu'au
Mont-Cenis.

Je l'avoue, une si parfaite similitude de traits chez
un grand nombre d'individus répandus sur tout le
territoire entre Auxerre et les Alpes ne laissa pas de
me surprendre, quoique ce fût dans mes principes.
Sans doute que toute la population n'était pas jetée dans

le même moule, il s'en fallait de beaucoup ; mais ce type était le seul bien caractérisé que je reconnusse alors, excepté le petit groupe que j'avais observé à Châlons.

Si je m'étais fait un autre plan d'observation en attachant plus d'importance à la coloration qu'aux formes et aux proportions, je n'aurais vu que des Bourguignons, des Lyonnais, des Dauphinois et des Savoyards, au lieu de voir un peuple de même race modifié par des nuances de teint, et distribué sur un grand espace compris entre Auxerre et le Mont-Cenis.

Voilà un fait, monsieur, dont vous pouvez déjà tirer parti, quoique je ne m'en serve pas encore.

Ce territoire était occupé, dans les temps les plus anciens, par des Gaulois ; n'importe lesquels. Les Romains, dans la suite, en font la conquête et se mêlent à ce peuple. S'il fallait attribuer le type dont je viens de parler aux descendants des uns ou des autres, vous n'hésiterez pas à le rapporter aux Gaulois ; car le plus petit nombre ne donne pas ses caractères physiques au plus grand. Mais la domination change ; les Bourguignons se substituent aux Romains. Le même raisonnement vous fera tirer la même conclusion, qui subsistera malgré la conquête subséquente des Francs, parce qu'ils se sont trouvés dans de semblables rapports.

Telle sera nécessairement votre opinion. Je ne vous dis pas qu'elle ait été la mienne ; non que j'aie pensé autrement, mais parce que je n'y ai pas pensé du tout. J'étais tellement occupé du matériel de l'observation,

— que je ne me livrais alors à aucune vue intellectuelle.

L'Italie était devant moi, et me promettait une foule d'objets dignes d'attention. Je ne voulais ni négliger ni examiner exclusivement les productions de l'art des temps anciens et modernes. La plupart des voyageurs ne songent qu'à les visiter, à les contempler, et se contentent des souvenirs que leur présentent quelques débris informes des siècles passés. Mais sur ces décombres mêmes, sur cette poussière de l'antiquité, objets de leur admiration et de leur culte, peut-être les descendants de ceux qui ont élevé ces monuments existent-ils encore, offrant l'image de leurs ancêtres.

Voilà ce que je désirais vérifier, espérant, si je réussissais, trouver non moins d'attraits dans ces recherches que les antiquaires dans les fouilles les plus heureuses.

En passant à Florence, je saisis l'occasion, que me fournissait la galerie ducale, d'étudier le type romain. Je donnai la préférence aux bustes des premiers empereurs, parce qu'ils descendaient d'anciennes familles, et n'étaient pas, comme un assez grand nombre de leurs successeurs, de races étrangères. Ils ont cela de remarquable, que non seulement un certain nombre d'entre eux a des formes et des proportions semblables, mais aussi un caractère tellement prononcé qu'il est difficile de l'oublier ou de le méconnaître.

Vous pouvez vous en former une idée exacte en jetant les yeux sur les bustes d'Auguste, de Sextus Pompée, de Tibère, de Germanicus, de Claude, de Néron, de Titus, que vous verrez au Musée de Paris ou ailleurs. En voici la détermination précise : le diamètre vertical est court, et par conséquent le visage large ; comme le sommet du crâne est assez aplati et le bord inférieur de la mâchoire presque horizontal, le contour de la tête, vue de face, se rapproche beaucoup d'un véritable carré. Cette configuration est tellement essentielle, que si la tête s'allongeait tout en conservant la réunion des autres traits, quand même elle offrirait le portrait fidèle d'un ancien Romain, il ne serait pas caractéristique. Les parties lattérales au-dessus des oreilles sont bombées, le front est bas, le nez véritablement aquilin, c'est-à-dire que la courbure commence vers le haut et finit avant d'arriver à la pointe, en sorte que la base est horizontale. La partie antérieure du menton est arrondie.

Vous reconnaîtrez tous ces caractères dans les bustes ou statues des personnages que je vous ai nommés, et dans d'autres que je n'ai pas indiqués ; mais vous ne les verrez pas dans tous, et cela doit être : un type n'est pas universel chez un peuple.

Celui-ci restait profondément gravé dans ma mémoire, mais je n'en étais pas préoccupé : une multitude d'objets devait attirer mon attention sur la route de Florence à Rome par Péruge ; et si je pensais quelquefois à trouver les représentants des anciens Romains, ce n'était guère chemin faisant, mais au terme de ce voyage. Ne m'attendant pas à les rencontrer ailleurs, il fallait que la ressemblance fût bien frappante pour les reconnaître sur le Monte-Geralandro, à peine entré sur le territoire du pape ; et je ne cessais de voir le même

caractére chez un grand nombre d'individus sur toute la
route, à Péruge, à Spolette, etc., jusqu'à Rome. Nous
étions plusieurs en voyage d'une même société, et
nous reconnûmes tous la vérité de la ressemblance.
Je n'ai pas besoin d'ajouter qu'il existe aussi à Rome,
malgré le mélange des peuples; d'autres l'ont signalé.
Mais il n'est pas nécessaire de le chercher dans un
faubourg ou dans quelque coin de Rome où on l'a
indiqué : on peut le rencontrer partout, et, qui plus
est, chez l'un et l'autre sexe, dans tous les rangs de la
société. La ressemblance ne porte pas seulement sur
le buste, mais aussi sur la stature; vous savez que les
Romains étaient d'une taille médiocre.

Je ne saurais déterminer jusqu'où ce type s'étend
au midi. Il disparaît à Naples, ou du moins ne s'y
fait pas assez remarquer pour qu'on puisse le compter
parmi les figures caractéristiques de la capitale. Il y
en a une bien prononcée qui prédomine, mais il n'est
pas de mon sujet d'en parler. J'ai quelques raisons
de croire que le type que nous avons appelé romain
se continue dans la partie supérieure du royaume de
Naples, s'il fallait juger par quelques individus qui en
provenaient. Quoi qu'il en soit, il est répandu au nord
de Rome non seulement du côté de Péruge, ainsi que
je l'ai indiqué, mais encore dans l'autre direction, vers
Sienne, Viterbe, et au-delà.

Ces observations, quoique limitées, nous fournissent
déjà des renseignements utiles et applicables à l'histoire. Je ne prétends pas, dans cette occasion ni dans
aucune autre, que tout un peuple ne soit formé que

sur un modèle. La généralité de celui-ci nous suffit. Je dis qu'il est caractéristique des habitants de ces contrées, dans les temps actuels comme dans les temps passés ; et en voici la raison : c'est qu'étant le type des empereurs, il l'est aussi d'un grand nombre de soldats et de particuliers représentés sur les bas-reliefs et sur les bustes trouvés dans ce territoire. Que penserons-nous maintenant du peuple romain ? Sera-t-il descendu d'Énée et des Troyens, formant une nation étrangère à l'Italie, et renfermée, pour ainsi dire, dans l'enceinte de Rome ? Comme ce sont les campagnes qui fournissent leur population aux villes et non les villes aux campagnes, surtout lorsqu'il s'agit d'une grande étendue de pays, Rome aura été peuplée de cette manière ; et plusieurs des peuples voisins, et entre autres les Sabins et une grande partie des Étrusques, auront été, comme ils le sont aujourd'hui, de même race. Les peuples qui habitaient le même sol étaient tellement divisés en corps indépendants, et qui différaient par leurs noms et par leurs intérêts, que les historiens les ont presque toujours représentés comme étant d'origine différente. Mais Micali et Niebuhrt (1) ont eu des vues plus justes, et les faits que je présente serviront à confirmer une partie de leurs opinions.

(1) Vous apprendrez avec plaisir qu'on s'occupe d'une traduction de l'Histoire de Rome, sur la deuxième édition, la seule dont l'auteur recommande la lecture, la première étant l'ouvrage de sa jeunesse. Il est temps qu'on fasse connaître les chefs-d'œuvre de l'érudition allemande. M. Guigniaut, dans sa tradition des *Religions de l'antiquité,* par Kreuzer, et M. Laligand, dans celle de l'*Économie politique d'Athènes,* par Bœck, ont donné l'exemple ; d'autres, je l'espère, ne tarderont pas à le suivre.

Des étrangers peuvent venir chez un peuple, y dominer, l'instruire, en changer le nom et la langue, sans altérer en général ses caractéres physiques. Car un petit nombre est capable de dompter la multitude et d'influer sur son esprit ; mais nous avons vu que l'organisation ne cédait pas de même. J'ignore à quel peuple les Étrusques ont dû leur langue, leurs institutions, leurs arts ; s'il était indigène ou étranger ; car il s'en faut que la question soit décidée. Ce qui est manifeste, c'est qu'une partie de la population est semblable à celle des autres peuples que j'ai indiqués. L'histoire nous apprend qu'elle a été mélangée, et l'observation des formes le confirme. Mais je suis loin de l'avoir analysée dans tous ses éléments ; il en est un autre cependant que j'ai reconnu, et que j'ai été long-temps à rapporter à son origine.

Agricola, l'un des peintres distingués de Rome, a fait les portraits des quatre plus grands poètes de l'Italie, le Dante, Pétrarque, le Tasse et l'Arioste. Il avait fait ses études d'après tous les monuments du temps, et il eut la bonté de me montrer la collection de ses dessins. Leur comparaison me fit voir que ceux qui représentaient le Dante devaient être très-ressemblants, parce qu'ils différaient peu entre eux.

D'ailleurs les proportions sont tellement marquées et les traits si prononcés, comme nous pouvons en juger par une description qu'un de ses amis en a donnée, qu'un peintre n'aurait pu les manquer.

Il avait la tête longue, par conséquent peu large, le front haut et développé, le nez recourbé, de manière que la pointe était en bas, et les ailes du nez relevées, le menton proéminent.

Cette figure, bien caractérisée, me fit une profonde impression. Je ne songeais pas cependant à en chercher le type dans la Toscane, lorsque, par un singulier hasard, à peine arrivé sur la frontière par la route de Sienne, je vis plusieurs personnes à Radicofani qui m'en offrirent les premiers exemples, du moins les premiers qui attirèrent fortement mon attention ; l'un d'eux surtout était l'image vivante du Dante. A mon premier passage à Florence, j'avais remarqué dans la galerie ducale quelques figures semblables dans les statues et bustes de la famille des Médicis, et dans le monde. Mais je ne m'en étais pas rendu un compte exact, et l'ensemble des traits n'était pas bien distinct dans mon esprit. Comme je fis cette fois un séjour prolongé dans le pays, j'eus l'occasion d'observer que c'était un véritable type chez les Toscans. Nous avons vu qu'il existait du temps du Dante, et j'ajouterai que beaucoup d'hommes célèbres de la république de Florence s'y rapportent. Je l'ai même observé sur quelques statues, bustes et bas-reliefs étrusques.

Je continuai à l'observer à Bologne, à Ferrare, à Padoue, et, sur la route, dans les villages intermédiaires. Non seulement il était fréquent à Venise, mais il y avait toujours existé dans une étendue surprenante. Il est tellement remarquable, que lorsqu'on le voit on ne peut plus s'y méprendre. Je vous en ai donné une idée en vous citant la tête du Dante. Vous allez voir que la ressemblance est quelquefois si forte qu'elle frappe des personnes qui ne reconnaissent pour ainsi dire que l'individualité. J'étais à Venise, dans la galerie de l'école vénitienne, devant un tableau qui représentait un saint du pays ; comme je le regardais attentivement, le cicérone me dit de remarquer combien cette tête ressemblait à celle du Dante. Quant à la fréquence avec laquelle ce caractère se reproduisait anciennement, j'eus l'occasion d'en juger au palais du doge, où se trouvent réunis tous les portraits des doges. J'étais étonné de voir combien parmi eux portaient l'empreinte de la même race.

Je rencontrais ce type plus souvent, à mesure que j'avançais dans ma route vers Milan. Il se présentait quelquefois avec une telle exagération qu'il tombait dans la caricature. Un jour je m'arrêtai dans un village pendant deux heures ; j'allai à la grande place, où se trouvait rassemblé un grand nombre de paysans. Je ne pouvais me lasser de les examiner, à cause de leur parfaite ressemblance avec un des types que j'avais vus en France. Je me croyais pour ainsi dire tout-à-coup transporté sur la place du marché à Châlons, où je vous ai dit que j'avais vu parmi les paysans un caractère de tête tout-à-fait différent de celui que j'avais observé jusque là dans la Bourgogne. Si là je fus frappé de la différence, je le fus ici de la conformité ; et si vous vous rappelez combien je vous ai dit que le caractère en était fortement prononcé, vous reconnaîtrez qu'il n'y avait pas lieu à s'y méprendre. Remarquez dans quelle étendue je l'avais observé en Italie, et avec quelle fréquence, avec quelle netteté ; je devais donc reconnaître l'existence d'une race, bien caractérisée et nombreuse, répandue dans tout le nord de l'Italie. N'étais-je pas dans la Gaule cisalpine? N'avais-je pas vu un peuple semblable dans la Gaule, au-delà des Alpes? Pourquoi ne serait-il pas le même suivant l'histoire? Pourquoi pas des Gaulois? Mais pour reconnaître cette identité avec le degré de certitude qui seul pouvait satisfaire l'esprit, il me restait d'autres observations à faire. Il fallait, s'il était possible, voir ce type sur une plus grande étendue de pays, et le suivre pour ainsi dire de proche en proche. A mon retour je devais traverser une partie de la Suisse que des peuples gaulois avaient jadis possédée, je pouvais y trouver l'une ou l'autre race, ou peut-être les deux.

La pente septentrionale du Simplon donne naissance à la vallée du Rhône. Les premiers habitants qu'on rencontre, même au sommet de la montagne, sont des Germains. Ils diffèrent des autres peuples voisins par leur aspect et par leur langue, qui est allemande. Bientôt en avançant dans le Valais la langue change, les traits changent en même temps. Je n'entends plus qu'un dialecte français, et je reconnais partout le même peuple que j'avais vu dans la Savoie avec les mêmes traits et jusqu'au même teint. A mesure que j'approchais de Genève, quelques individus de l'autre type se présentaient parmi cette population. A Genève ils étaient en grand nombre, et tout-à-fait semblables à ceux que j'avais vus dans le nord de l'Italie et à Châlons. Voici donc une population appartenant principalement à deux races, mais parfaitement distinctes et formant, comme je vous l'ai dit ailleurs, un contraste marqué, l'une ayant la tête plus ronde qu'ovale, les traits arrondis, comme je l'expliquerai ailleurs avec détail, et la stature médiocre; l'autre la tête longue, le front large et haut, le nez recourbé, la pointe en bas, et les ailes du nez relevées, le menton fortement prononcé et saillant, la stature élevée. Mais aussi j'eus l'occasion de remarquer ce qui devait aussi résulter de leur présence sur le même sol, toutes les modifications intermédiaires. Je prenais ainsi plaisir à reconnaître dans ces croisements de races les traits qui appartenaient à chacune d'elles, et les dégradations de proportions entre les extrêmes. Je les distinguerai pour le moment par les noms de premier et de second type, suivant l'ordre dans lequel je viens de les désigner. Afin de continuer les mêmes observations sur un nouveau territoire, je me déterminai à passer par la Bresse en me dirigeant sur Mâcon et Châlons. J'espérais lier ainsi, par une chaîne presque continue, la partie de la population qui se rapportait au second type. Sur la grande route, par la Bresse, je trouvai en effet le même mélange quant aux éléments, mais dans des proportions bien différentes : le premier type y dominait au point que je ne voyais pour ainsi dire que des traces de l'autre. Mais près de Mâcon, sur le bord de la rivière, et sur le reste du chemin vers Châlons, par la montagne, celui-ci devenait commun. A Châlons, où heureusement j'arrivai un jour de marché, je me donnai la satisfaction de comparer mes souvenirs avec l'impression actuelle et d'en confirmer la fidélité.

Voilà une partie des observations que j'ai faites pendant ce voyage, et qui sont relatives aux peuples dont vous avez tracé l'histoire. J'avais précédemment visité d'autres parties de la France dans une grande étendue; ce que j'ai remarqué alors suppléera à ce qui pouvait me manquer dans cette occasion pour former le parallèle entre les distinctions que vous avez établies et celles que j'ai observées. Vous entrevoyez déjà la conformité qui s'y trouve; mais nous ne pourrons l'admettre qu'après une discussion approfondie. Il en résultera, si je ne me trompe singulièrement, une confirmation aussi forte qu'inattendue des principales bases de votre histoire.

Mais il faut d'abord que je trace les limites de la comparaison pour la Gaule. Comme je n'en ai pas visité les parties les plus méridionales voisines des Pyrénées et de la Méditerranée, où vous placez les Basques et les Ligures, il ne sera pas question de ces peuples.

Dans le reste de la Gaule vous reconnaissez à une époque très-reculée deux grandes familles, différentes entre elles par leur langue, leurs habitudes et leur état social. Elles formaient toute la masse de la population, et, quel qu'ait été leur rapport numérique, l'une et l'autre en faisaient une partie considérable.

Je reconnais dans la population actuelle de l'étendue correspondante de la France deux types prédominants, tellement caractérisés et distincts, qu'il n'est pas possible de les confondre. Si depuis l'époque où vous nous montrez ces deux peuples comme seuls possesseurs du sol, il n'y avait pas eu de mélanges étrangers, on devrait sans hésiter rapporter ces deux types à deux familles gauloises. Mais depuis lors divers peuples ont successivement fait la conquête de la totalité ou de quelques portions du territoire. Comment faire la distinction? Nous avons établi, dans la discussion générale au commencement de cette lettre, un principe qui nous guidera, et dont nous avons déjà fait l'application en passant. Le plus petit nombre ne donne pas son type au plus grand. Or vous connaissez l'extrême disproportion des conquérants établis dans la Gaule relativement à la population gauloise, et cet aperçu nous servira d'abord à confirmer ce premier rapprochement. Des arguments d'une autre nature viendront l'appuyer dans la suite.

De ces deux familles que vous distinguez par les noms de Galls et de Kimris, les premiers devaient être les plus nombreux, puisque vous les présentez comme les plus anciens habitants des Gaules, dont ils occupaient presque toute l'étendue avant l'établissement des Kimris.

De cette première distinction historique entre les deux peuples gaulois, je conclurai que le premier type, qui m'a paru le plus nombreux, appartient aux Galls, et l'autre aux Kimris.

En comparant leur distribution géographique, nous arrivons au même résultat. Vous les représentez comme plus particulièrement groupés en corps de nation dans deux régions diverses : 1° la Gaule orientale, occupée par les Gaulois propres de César, que vous désignez par le nom de Galls ; 2° la Gaule septentrionale, renfermant la Belgique de César et l'Armorique, dont vous réunissez les habitants sous la dénomination générale de Kimris. En considérant d'abord la Gaule orientale d'après votre exposition des faits, il est évident que les Galls devaient y être moins mêlés, puisque les Kimris n'y avaient jamais pénétré par la force des armes. Or c'est en traversant la région de la France qui correspond à la Gaule orientale du nord au midi, c'est-à-dire la Bourgogne, le Lyonnais, le Dauphinois, la Savoie, que j'ai distingué ce type bien caractérisé, auquel nous venons de rapporter le nom de Galls, et si généralement répandu que je n'en avais pas d'abord reconnu d'autre, excepté dans un seul canton. Ce n'est qu'à mon retour que, m'occupant plus spécialement de cet objet, j'ai retrouvé le second type dans d'autres lieux de cette région.

Quoique vous ayez tracé une ligne de démarcation entre les territoires des deux peuples, je m'imagine que vous ne regardez pas la séparation comme tellement absolue qu'il n'y ait jamais eu de mélange. Il y en a eu nécessairement, même d'après vos recherches, puisque vous attribuez la religion des Druides aux Kimris, et vous nous apprenez que les Galls de cette région l'ont adoptée, mais pas exclusivement. Peu importe d'ailleurs que ce mélange ait eu lieu dans une haute antiquité, ou plus tard; il me suffit de savoir qu'ils étaient nombreux et voisins, qu'ils furent réunis ensuite en corps de nation; le laps de temps a dû nécessairement amener des déplacements et des mélanges. Puisque le premier type correspond à la race historique que vous avez désignée sous le nom de Galls, qui

sont les Gaulois propres de César, je suivrai votre no-
menclature pour que nous puissions mieux nous entendre. Je l'appellerai donc, d'après vous, le type
gall. La tête est arrondie de manière à se rapprocher
de la forme sphérique ; le front est moyen, un peu
bombé et fuyant vers les tempes ; les yeux sont grands
et ouverts ; le nez, à partir de la dépression à sa naissance, est à peu près droit, c'est-à-dire qu'il n'a aucune courbure prononcée ; l'extrémité en est arrondie,
ainsi que le menton ; la taille est moyenne. Vous voyez
que les traits sont parfaitement en harmonie avec la
forme de la tête, et que cette description détaillée est
susceptible d'être résumée en peu de mots, comme je l'ai
fait plus haut, en disant que *la tête est plus ronde qu'o-
vale, que les traits sont arrondis* (1), *et la taille moyenne.*

Quant à la région septentrionale de la Gaule, comme
siége principal des Kimris, voyez encore la singulière
coïncidence. Dans un voyage précédent je parcourus
une grande partie du littoral de la Gaule-Belgique de

(1) Vous serez bien aise de savoir jusqu'à quel point cette description
s'accorde avec la manière dont M. Desmoulins et M. Bory de Saint-Vincent ont caractérisé les Gaulois en général. Ni l'un ni l'autre n'ont cherché à faire des distinctions parmi ces peuples. Leurs descriptions devraient
donc se rapporter au type pur le plus répandu, c'est-à-dire à celui des
Galls ou Gaulois propres de César. Or M. Desmoulins dit expressément
que la tête est plus ronde qu'ovale, caractère de premier ordre. Sur ce
point important il y a conformité parfaite, et sur les autres il ne saurait
exister de contradictions, car il n'entre pas dans le détail des traits. M. Bory
dit que le front fuit vers les tempes, caractère qui est une conséquence
nécessaire de la forme arrondie de la tête. Quoique ces auteurs ne se
soient pas attachés à tracer ce type, vous voyez que ce qu'ils disent des
formes et des proportions se rapporte à ma description.

César, depuis l'embouchure de la Somme jusqu'à celle de la Seine. Eh bien! c'est ici que je distinguai pour la première fois la réunion des traits qui constitue l'autre type, et souvent dans une telle exagération que j'en fus vivement frappé : la tête longue, le front large et élevé, le nez recourbé, la pointe en bas, et les ailes du nez relevées, le menton fortement prononcé et saillant, la stature haute. Comme ce point est fondamental, et le plus intéressant par sa nouveauté et l'étendue de ses applications, il convient de nous y arrêter un peu, afin d'assurer notre marche dans la suite. Bornons-nous pour le moment à la France, en suivant pas à pas le parallèle que nous avons commencé. Il est certain que ce type, que j'ai vu depuis en Bourgogne, ne saurait être celui du peuple étranger qui a laissé son nom à la province, puisqu'il existe dans une grande étendue en Picardie et en Normandie, dont les anciens Bourguignons n'ont jamais approché. D'autre part, il ne peut être celui des Normands-Scandinaves, puisqu'il existe dans la Bourgogne et dans d'autres provinces de la Gaule orientale, où ils ne se sont jamais établis. Ainsi, par la coexistence du même type dans ces deux contrées, les anciens Bourguignons et les Normands s'excluent réciproquement, et nous revenons par une autre voie aux anciens habitants, aux Belges de César, que vous désignez par le nom de Kimris. L'autre race gauloise s'y trouve aussi avec ses traits caractéristiques.

Personne, que je sache, n'a jamais prétendu que les Scandinaves, connus dans le moyen âge sous le nom de Normands, aient détruit ou chassé la population indigène de la Neustrie. Outre les faits que je viens d'exposer, et dont la discussion nous conduit nécessairement à reconnaître les descendants des Gaulois dans les habitants actuels, il est une considération historique qui s'accorde parfaitement avec ce résultat. Les Normands, à peine en possession de la Neustrie et fixés à demeure, adoptent la langue du pays, et la leur disparaît, laissant à peine quelques traces dans la rédaction de leurs lois ; ce peuple, d'ailleurs si sévère et même si féroce dans ses expéditions militaires, se montre tout-à-coup dans l'administration des affaires civiles le modèle des peuples du moyen âge. Envahisseurs, ils ravagent; possesseurs, ils conservent et perfectionnent.

J'ignore si une partie de leur postérité subsiste avec leurs caractères physiques ; s'il en est ainsi, il en reste probablement très-peu, comme il doit arriver souvent lorsque le peuple conquérant est en très-petit nombre relativement au peuple vaincu. Ce n'est guère que dans les grandes masses, comme nous l'avons exposé en commençant, que nous pouvons espérer de trouver les types anciens, et c'est ce qui nous est arrivé jusqu'ici. Remarquez quels avantages la France nous présente pour le succès de pareilles recherches : sa vaste étendue, sa population, qui dans tous les temps a dû être nombreuse, à cause de la fertilité de son sol et la douceur du climat, moins de mélange avec des peuples étrangers que chez d'autres nations où nous chercherons les mêmes races, enfin des renseignements historiques plus précis sur la distinction des peuples indigènes. Une seule fois toute la nation gauloise a été engagée dans une lutte violente contre des envahisseurs étrangers, et ceux-ci se proposaient, non la possession exclusive du sol, mais la domination politique. Après la lutte, elle prospéra plus que jamais sous la civilisation romaine. Loin de s'opposer ensuite aux Francs, elle les favorisa, de sorte qu'elle ne perdit pas de sa population et ne reçut qu'un petit accroissement d'une source étrangère. Une pareille réunion de circonstances les plus propres à la conservation des caractères physiques d'un peuple doit inspirer une grande confiance dans les déterminations auxquelles nous sommes parvenus, surtout lorsqu'on se rappelle les précautions prises pour éviter toute erreur dans les caractères tranchants de ces types.

C'est en nous appuyant sur ces bases que nous poursuivrons notre parallèle avec une parfaite sécurité, et sans l'embarras de discuter les titres des divers peuples qui se sont pressés et succédé sur le même sol. Car ces deux races gauloises une fois bien déterminées dans la Gaule par leurs caractères physiques, elles seront faciles à reconnaître dans d'autres pays jadis possédés par leurs ancêtres, si toutefois elles sont encore en assez grand nombre.

Faisons-en de suite l'application à l'Angleterre : le midi de la Grande-Bretagne, dans l'étendue qui correspond à l'Angleterre proprement dite, était, suivant vous, occupé principalement par le même peu-

ple qui possédait le nord de la Gaule, et que vous
appelez Kimri. Il s'agit maintenant de savoir s'il
avait les mêmes caractères physiques. Mais ses descendants n'existeraient plus s'il en fallait croire une
opinion répandue en Angleterre. Je n'ai pas besoin
de vous rappeler la discussion dans laquelle je suis
entré sur ce sujet au commencement de cette lettre ;
le résultat en est trop conforme aux principes de la
nature humaine pour qu'il ne se présente pas de suite
à votre esprit. D'ailleurs elle se réduit maintenant à
une question de faits fondée sur le témoignage des
sens. Or je puis assurer que le même type caractéristique de ce peuple, qui jadis dominait dans le nord
de la Gaule, existe en Angleterre, et de plus qu'il
est très-répandu sur tout le territoire jadis conquis
par les Saxons. Il représente, par conséquent, les anciens Bretons, possesseurs du sol avant la conquête
des Saxons, et que vous distinguez par le nom de
Kimris. S'il n'est plus question des Bretons dans le
territoire occupé par les Saxons, c'est qu'ils n'étaient
plus une nation indépendante ni même un peuple
ayant une existence civile. Ils étaient donc morts
pour l'histoire, surtout de la manière dont on l'écri-
vait alors ; mais ils n'avaient pas péri ; ils vivaient
encore, et certes dans une proportion où devaient se
trouver les restes d'une grande nation, malgré ses
désastres. J'ai dit que l'opinion de la destruction et
de l'expulsion des Bretons de l'Angleterre proprement
dite est une opinion populaire dans le pays. Elle est
fondée, à la vérité, sur l'exagération des historiens ;

mais, pour peu qu'on les lise attentivement, on y trouve l'aveu que les restes de ce peuple furent réduits à une dure servitude. Attachés à la glèbe, ils auront participé à cette émancipation qui, dans le moyen âge, a rendu à la vie politique la masse des peuples de l'Europe occidentale ; émancipation qui fait la gloire de ces temps et le triomphe de la civilisation moderne sur l'ancienne. Recouvrant peu à peu leurs droits sans reprendre leur nom, et s'élevant par les progrès de l'industrie, ils se seront répandus dans tous les rangs de la société. La lenteur de ces progrès et l'obscurité de cette origine perpétuèrent le mépris du vainqueur et la honte du vaincu ; de sorte que tel qui se croit aujourd'hui issu des Saxons ou des Normands est souvent le vrai descendant des Bretons (1).

Pour achever le parallèle, il me reste à parler de la Suisse et du nord de l'Italie. D'après les renseignements historiques, vous regardez les Helvètes comme des Galls ; pour moi, je ne saurais en douter, puisque je reconnais chez les Helvétiens d'aujourd'hui les mêmes caractères qui distinguent cette famille dans la Gaule. Vous ne dites pas qu'ils étaient mêlés de

---

(1) Nous avons déjà observé que, lorsque deux races habitent le même pays, celle dont la langue prédomine n'est pas toujours la plus nombreuse, surtout lorsqu'il s'agit d'une petite partie de la population qui a conservé un des anciens idiomes dans un coin du territoire. Dans la principauté de Galles, par exemple, où les deux races ont été mêlées, il se peut que le type que nous avons nommé Kimri ne soit pas le plus fréquent, mais au contraire celui des Galls, que vous regardez comme les plus anciens possesseurs de la Grande-Bretagne.

Kimris. Il ne m'appartient pas d'assurer qu'ils le furent jadis, mais je puis certifier qu'ils le sont maintenant, et dans une assez grande proportion pour me faire croire qu'ils l'étaient autrefois. Je sais qu'aujourd'hui la Suisse est partagée en deux parties inégales, l'une orientale, où l'on ne parle pour ainsi dire que l'allemand ; l'autre au midi et à l'occident, où l'on ne parle que français, qui est autant la langue du peuple qu'elle l'est en France; et c'est à bon droit, puisque j'ai reconnu que la population était gauloise à double titre, et par les Galls et par les Kimris.

Sans les discussions précédentes, et les faits que nous sommes parvenus à démêler, comment pourrions-nous reconnaître les Gaulois, dans le nord de l'Italie, parmi les Sicules, les Ligures, les Étrusques, les Vénètes, les Romains, les Goths, les Lombards ? Mais nous possédons le fil qui doit nous guider. D'abord, quel qu'ait été l'état antérieur, il est certain, d'après vos recherches et l'accord unanime de tous les historiens, que des peuples gaulois ont prédominé dans le nord de l'Italie entre les Alpes et les Apennins. On les y trouve établis d'une manière permanente après les premières lueurs de l'histoire ; les témoignages les plus authentiques les représentent avec tous les caractères d'une grande nation, depuis ces temps reculés jusqu'à une époque très-avancée de l'histoire romaine. Voilà tout ce qu'il me faut ; je n'ai pas besoin de m'occuper des autres peuples qui s'y sont mêlés depuis, de discuter leur nombre relatif, la nature de leur langue, la durée de leur établissement , il me suffit de savoir que les Gaulois y ont existé en grand nombre. Je connais les traits de leurs compatriotes dans la Gaule transalpine, je les retrouve dans la Gaule cisalpine ; voilà dans sa généralité le premier fait qui nous est commun à l'égard de l'Italie. Mais, puisque vous distinguez les familles, il convient que je les distingue aussi. Dans la Gaule cisalpine, vous reconnaissez, de même que dans la transalpine, des Galls et des Kimris. Or j'ai vu les Kimris non seulement dans les lieux où vous les placez, mais aussi dans d'autres où vous ne les indiquez pas. D'abord, en supposant que dans leurs premiers établissements en Italie les deux familles aient été absolument sans mélange entre elles, fait que l'éloignement et l'obscurité des temps ne permet pas d'assurer, vous les montrez en communauté de guerre contre les Romains, et ces rapports d'alliance et de nécessité ont pu dès lors même opérer des mélanges. La Cispadane, suivant vous, était occupée par les Kimris ; vous les représentez partout comme un peuple excessivement inquiet, faisant toujours des expéditions loitaines et périlleuses. Dès que les Romains ont affaire aux Gaulois d'Italie, vous y distinguez des Kimris. Il devait en être ainsi de prime abord, parce qu'ils étaient, dès l'origine de leur établissement, limitrophes de l'Étrurie ; les Apennins seuls les en séparaient ; faible barrière pour un tel peuple. Ils les avaient probablement franchis plus d'une fois avant d'avoir fait trembler les Romains ; et il est présumable qu'il s'en est établi parmi les Étrusques. Le fait est que je trouve

leur type dans le nord de la Toscane, et que l'in-
spection des monuments me fait voir qu'il y existait
dans des temps reculés. Remarquez, d'autre part, que
le nord de l'Italie entre les Alpes et les Apennins est
une vaste plaine partagée par le Pô. Dans le laps
des siècles qui se sont écoulés depuis l'établissement
des Kimris, en supposant qu'ils n'aient d'abord occupé que la Cispadane, la guerre, qui opère des bouleversements, et la paix, qui amène une fusion considérable, n'auront-elles pas distribué ce peuple sur
une grande étendue de cette plaine? La terreur répandue par l'invasion imminente d'Attila n'a-t-elle
pas porté une grande partie de la population à se réfugier dans les îles voisines de l'Adriatique, îles situées à l'embouchure du Pô, siége antique des peuples kimris? Aussi vous devez vous rappeler que j'ai
observé leur type, et parmi les portraits des anciens
habitants, et dans la population actuelle de Venise.

Il s'en faut de beaucoup que j'aie remarqué le type
de l'autre famille avec la même fréquence dans le
nord de l'Italie. Il n'y a pas même de comparaison
à cet égard. Certes, je ne pouvais tout voir ni tout
reconnaître, mais aussi ne dois-je pas omettre de dire
ce qui manque à mes observations. Je ne dis pas qu'il
n'y soit pas commun, mais seulement que je ne l'ai
pas vu assez souvent d'une manière nette et distincte.
Il est probablement plus répandu qu'il ne m'a semblé,
et j'en juge ainsi d'après une observation singulière
que je fis à Milan. Dans la boutique d'un libraire je
vis étalé un almanach en une feuille, qu'on appelle

Lunario, avec une gravure représentant deux personnages un peu grotesques se moquant réciproquement
de leurs figures. Or elles étaient les caricatures les
plus exactes des types des populations gauloises anciennement établies dans le pays ; les traits caractéristiques étaient précisément ceux qui étaient mar-
qués avec exagération, comme si l'on avait voulu faire
ressortir ce qui était essentiellement distinctif ; et, pour
ne rien laisser à désirer du contraste que les deux
types font entre eux, ils sont figurés avec leurs différences de taille, celui qui correspond au Kimri étant
d'une haute stature, l'autre, qui représente le Gall, de
grandeur moyenne.

Certes, le dessinateur n'a eu en vue ni l'histoire naturelle ni l'antiquité, mais il a tracé en charge des
figures qu'il avait souvent devant les yeux, et qui offraient un contraste piquant.

Je remarquerai à cette occasion que lorsque les Romains, dans leurs premières guerres avec ces peuples,
parlent de Gaulois d'une stature extraordinaire, il me
paraît évident qu'il s'agit de Kimris.

D'abord ils occupaient la Cispadane, et comme les
plus voisins ils devaient être les premiers à fondre sur
les Romains. La tête du Gaulois gigantesque peinte
sur une enseigne dans le Forum, à Rome, était de cette
nation (1). Lorsque dans votre histoire les Romains
font mention de la taille élevée des Gaulois, ils dé-
signent des peuples que vous avez classés parmi les

_____

(1) Voyez *Histoire des Gaulois*, vol. I, introduction, pag. xlv.

Kimris, non à cause de ce caractère dont vous ne faites aucun usage, mais en vous fondant sur toutes les preuves historiques capables d'établir la distinction. Or j'ignorais entièrement ces faits, et cependant de mon côté j'avais reconnu que cette famille gauloise contrastait singulièrement par la taille avec les Galls, qui sont en général de grandeur moyenne. De même que les Romains et les auteurs anciens ont signalé la stature des Gaulois d'Italie, des Belges, des Galates, j'ai remarqué en France, en Angleterre, en Suisse, en Italie, qu'une haute taille accompagne ordinairement le type que d'après vous j'ai désigné du nom de Kimri. Ce caractère physique existait donc dans les temps anciens comme dans les temps modernes, et la coïncidence est d'autant plus remarquable qu'on regarde cette modification du corps comme très-variable. Le fait est non seulement curieux, mais utile, puisqu'il sert à nous expliquer une contradiction apparente entre les récits des anciens historiens et ce que l'on observe ordinairement en France, où la taille est médiocre. On s'est souvent demandé où sont ces Gaulois de haute stature dont parlent les Romains. En rétablissant la distinction que la nature avait établie, mais que l'histoire avait souvent effacée en confondant les deux familles, la contradiction disparaît.

Voilà deux séries de résultats, les vôtres et les miens, qui correspondent d'une manière aussi frappante qu'inattendue. Ils appartiennent à deux sciences différentes; ils proviennent de recherches qui de part et d'autre ont été faites d'une manière indépendante; et leur comparaison fait voir entre eux un rapport manifeste. Nous avons donc concouru, chacun de notre côté, au même but ; et cette coïncidence doit fortifier notre conviction d'avoir rencontré la vérité.

Vous avez remarqué dans le cours de mon récit que mes observations ont été faites sans idées préconçues ; et ce point pouvait être ici très-important, car un esprit préoccupé, quand il s'agit de ressemblance, est très-susceptible d'illusion. J'avais une sauvegarde contre ce danger; je ne cherchais pas une ressemblance vague, mais précise et essentielle, d'après des formes et des proportions déterminées : or la mesure, quand on sait l'appliquer, est faite pour détruire ou confirmer les opinions.

Les types que j'ai observés parmi les peuples gaulois ne répondent qu'à ceux des familles que vous avez établies d'après des documents historiques ; mais comme je n'ai pas visité les pays où vous placez les autres, pour établir des rapports de cette nature entre la physiologie et l'histoire j'aurais trouvé difficilement ailleurs des renseignements nécessaires pour traiter ces questions de la manière dont je les envisage.

Si les observations que j'ai encore à vous communiquer ne touchent plus au sujet que vous avez traité, elles ne laisseront pas, je pense, de vous intéresser, puisqu'elles établissent de nouveaux rapports entre les sciences que nous cultivons. Les peuples dont nous avons parlé jusqu'ici sont répandus sur une grande partie de l'Europe occidentale, qui comprend plus de

la moitié de l'Italie, une portion de la Suisse, la France
et l'Angleterre.

Ceux dont j'ai maintenant à vous entretenir occupent la partie orientale de l'Europe; ce sont les nations slaves et hongroises. Quoique je n'aie pas visité
ces pays, j'ai eu des occasions presque aussi favorables
de reconnaître leurs types. Les troupes de l'empereur
dans le royaume Lombardo-Vénitien sont presque entièrement composées de Silésiens, de Bohémiens, de
Moraves, de Polonais, de Hongrois. Pendant un séjour de plusieurs semaines, je profitai de l'occasion
pour étudier ces peuples : M. le baron de Swinburn,
commandant de la place, m'accueillit avec beaucoup
de politesse et de bienveillance, me donna l'autorisa-
tion formelle de visiter tous les quartiers, la liberté
d'y faire à ce sujet les observations que je jugerais à
propos, de me faire accompagner par un peintre qui
pourrait dessiner les portraits des personnes que je
désignerais. Cet ordre a été exécuté ponctuellement,
et j'ai trouvé toutes les facilités que je pouvais désirer. Je me suis d'abord attaché à observer si chacun
de ces peuples présentait une réunion de traits qui
les distinguât entre eux. On avait la complaisance de
réunir un grand nombre d'individus du même pays et
parlant la même langue. Je pouvais ainsi les étudier
à mon aise, reconnaître l'ensemble de traits qui pré-
dominait, et comparer de la sorte ces diverses nations. Mais je ne leur trouvai pas une figure nationale
distinctive.

Je ne tardai pas à m'apercevoir que beaucoup d'individus se ressemblaient, quoiqu'ils ne fussent pas du même pays, et je reconnus bientôt le type commun à tous ces peuples. Il est évident que je ne saurais entendre par là que toutes ces populations sont jetées dans le même moule, mais qu'il y a un ensemble de traits caractéristiques qui se reproduit fréquemment dans toutes. Or remarquez que chez elles la langue slave est plus ou moins répandue, modifiée seulement par des différences qui ne constituent pour ainsi dire que des dialectes.

Quoique je ne doutasse pas de cette similitude, reconnue par tous les savants qui se sont occupés de l'analogie des langues, je voulais m'assurer jusqu'à quel point elle avait lieu, en faisant parler ces étrangers entre eux, chacun dans sa langue ; et j'eus la conviction, par mon interprète, qu'ils se comprenaient mutuellement.

Le contour de la tête, vue de face, représente assez bien la figure d'un carré, parce que la hauteur dépasse peu la largeur, que le sommet est sensiblement aplati, et que la direction de la mâchoire est horizontale. Le nez est moins long que la distance de sa base au menton ; il est presque droit à partir de sa dépression à la racine, c'est-à-dire sans courbure décidée ; mais si elle était appréciable, elle serait légèrement concave, de manière que le bout tendrait à se relever ; la partie inférieure est un peu large, et l'extrémité arrondie. Les yeux, un peu enfoncés, sont parfaitement sur la même ligne, et lorsqu'ils ont un caractère particulier, ils sont plus petits que la pro-

portion de la tête ne semblerait l'indiquer. Les sour-
cils, peu fournis, en sont très-rapprochés, surtout à
l'angle interne ; ils se dirigent de là souvent obliquement en dehors. La bouche, qui n'est pas saillante,
et dont les lèvres ne sont pas épaisses, est beaucoup
plus près du nez que du bout du menton. Un caractère singulier qui s'ajoute aux précédents, et qui est
très-général, se fait remarquer dans leur peu de barbe,
excepté à la lèvre supérieure.

Tel est le type qui se reproduit plus ou moins chez
les Polonais, les Silésiens, les Moraves, les Bohémiens
et les Hongrois-Slaves. Il est aussi très-commun parmi
les Russes. Quoique je n'en aie pas vu dans cette occasion, j'en ai pu juger dans d'autres ; mais surtout je me fie au témoignage d'un seigneur russe, qui
a reconnu dans les dessins que je lui ai montrés d'a-
près d'autres peuples slaves les portraits d'une grande
partie des paysans russes. Il est sans doute d'autres
caractères de tête chez tous ces peuples, et je l'ai bien
reconnu par moi-même ; mais il faudrait, pour les
déterminer d'après les vues que j'ai exposées, et les
considérer dans les rapports qui nous intéressent, être
sur les lieux, et y consacrer beaucoup de temps et
de soins.

J'ai cependant tiré parti de ces observations pour
jeter quelque jour sur un point obscur de l'histoire.
L'Allemagne, encore de nos jours, peut être divisée
en deux parties sous le rapport des peuples qui l'habitent : l'Allemagne occidentale, occupée par les Germains ; la plus grande partie de l'Allemagne orientale,

par les Slaves mêlés de Germains. Aussitôt que l'histoire luit sur ce pays, nous voyons la rivière de l'Elbe séparer les deux peuples. L'Autriche proprement dite, dont tous les habitants ne parlent que l'allemand, se trouve d'une part au-dessous de la Silésie, de la Moravie, de la Bohème ; d'autre part, au-dessus de la Carinthie et de la Carniole. Elle est donc, pour ainsi dire, enclavée dans des pays dont le fond de la population est Slave.

De là il m'a paru probable qu'elle avait été anciennement occupée par des peuples slaves, soit purs, soit mêlés à d'autres, avant la conquête par les Allemands. Car partout ailleurs, dans cette partie orientale, on voit que les Germains ont étendu leur domination sur des peuples étrangers. N'est-il donc pas présumable que les Germains, en se mêlant aux Slaves sur le territoire de l'Autriche proprement dite, en auront effacé la langue comme ils ont fait disparaître dans le nord celle des Borusses, avec cette différence que les monuments de cette langue n'y ont pas péri ?

J'étais curieux de savoir si ma conjecture trouverait un appui dans l'examen des types des Autrichiens. Il y en avait heureusement qui formaient le corps des canonniers. Je demandai à voir des natifs de Vienne et des environs, provenant de famille allemande de père en fils, autant qu'on pouvait le savoir. On eut la complaisance de les réunir, et je reconnus d'abord qu'il y avait parmi eux deux types bien prononcés, l'un véritablement slave, l'autre germain. La forme de la tête suffisait pour les distinguer. Quant aux Autrichiens qui présentaient les caractères slaves sans mélange, ils ressemblaient parfaitement aux portraits que j'avais fait dessiner d'après les Slaves des autres nations.

Parmi les peuples slaves, j'ai déjà rangé une partie de la population de la Hongrie. En tant que j'ai pu le constater, il m'a paru qu'une large bande de ce territoire, qui règne sur presque toute la circonférence et s'étend plus ou moins dans l'intérieur, est occupée par des Slaves, c'est-à-dire par un peuple qui a le type que j'ai décrit et qui parle un dialecte slave. Le centre est principalement habité par une nation dont la langue est tout-à-fait différente, qu'elle appelle madgiar, et que nous désignons par le nom de hongrois.

Si cette distribution est exacte, il résulterait de là, sans consulter l'histoire, qu'un peuple étranger est venu s'établir parmi des Slaves. Nous savons qu'avant les irruptions des barbares, il y avait dans ces contrées des Daces, etc.; mais qui étaient-ils? on l'ignore; et pourquoi ne seraient-ils pas de cette race qu'on trouve encore dans le pays, et qui couvre la moitié de l'Europe? Je ne le demande qu'en passant, sans discuter la question, sans examen ultérieur.

Mais quelle est cette nation ou cette réunion de peuples qui occupe principalement le milieu de la Hongrie, qui s'appelle Madgiars, et que nous nommons Hongrois?

Quant à moi, que cette question regarde sous le rapport du type, je m'en suis particulièrement occupé, et je suis arrivé sur ce point à des résultats qui m'ont beaucoup intéressé. Je vous dirai d'abord qu'une grande partie de la population qui passe pour madgiare, ou les descendants des anciens Hongrois, est de race slave. J'ai fait mes observations sur ceux dont le hongrois était la langue maternelle, et j'en ai trouvé beaucoup qui, tout en paraissant Hongrois ou Madgiars par la parole, étaient réellement d'origine slave par les traits. Les anciens Madgiars ne parlaient certainement pas le slave, et je ferai voir qu'ils n'en avaient pas les traits.

Autre preuve en faveur de l'opinion émise plus haut que des peuples slaves possédaient anciennement le pays. Ces Slaves mêlés aux Hongrois en auront adopté la langue ; une partie des Hongrois, par des croisements disproportionnés, suivant les principes que nous avons exposés plus haut, aura perdu son type. Ces Hongrois par leur ascendant politique ont perpétué leur langue ; ces Slaves par la prédominance de leur nombre ont perpétué leurs traits.

J'ai long-temps cherché en vain parmi ces troupes un ensemble de caractères physiques différents de ceux que j'avais observés jusqu'ici, et qui pût se rapporter soit aux anciens Hongrois, soit à quelque autre peuple dont l'histoire nous apprend l'établissement dans le pays. Je me rappelai enfin ce que j'avais vu ailleurs, et ce que j'avais appris d'un savant italien à Milan, qui avait voyagé dans toute la Hongrie. Il avait vu, dans le centre, des Hongrois de petite taille et d'une figure particulière, qu'il regardait comme les descendants des anciens conquérants, soit Huns, soit Madgiars. A Venise, lorsque je visitai les bagnes, on me montra des Hongrois parmi lesquels il y en avait un au-dessous de la taille moyenne, dont l'aspect me fit une vive impression. Je ne pus m'empêcher de m'écrier : Voilà un Hun! Vous me pardonnerez cette exclamation précoce; vous verrez qu'elle n'était pas sans fondement. Ces souvenirs me mirent sur la voie.

Après avoir fait au château de Milan les observations dont je vous ai rendu compte, comme je n'y avais guère vu que des grenadiers ou des soldats de cette stature, je demandai s'il n'y avait pas quelques Hongrois de petite taille. On m'en fit venir un, le seul qu'il y eût; et je reconnus avec une vive satisfaction qu'il avait le même caractère de tête qui m'avait frappé à Venise, moins prononcé à la vérité, mais tel qu'il n'y avait pas à s'y méprendre. On m'indiqua alors la caserne de Saint-François, où je trouverais un assez grand nombre de Hongrois de la taille que je cherchais. Je m'y rendis aussitôt, et l'on eut la bonté de les réunir. L'occasion était favorable pour juger de la fréquence du type. Mon attente ne fut pas déçue, et je vis avec plaisir que le même caractère, plus ou moins pur ou altéré, régnait parmi eux. J'en choisis un, des environs de Debrezem, qui offrait les mêmes formes et proportions que j'avais observées à Venise. Pendant que le peintre était en train, un sous-officier vint demander le soldat. L'ordre me parut extraordinaire; et ayant réussi à la fin à m'en faire expliquer le motif, je trouvai qu'il avait une apparence de raison. On me reprochait d'avoir choisi, pour donner une idée de la figure des Hongrois, l'individu le plus laid et celui qu'on regardait comme une espèce de monstre. Il est vrai qu'il n'était pas beau ; mais il présentait un type pur, et je ne pouvais le laisser échapper. Heureusement j'avais les moyens de me justifier. J'envoyai aux officiers plusieurs portraits de beaux Hongrois que j'avais fait dessiner au château, avec l'indication de leurs noms et du lieu de leur naissance ; j'ajoutai que j'avais choisi celui-ci, parce que je reconnaissais en lui un descendant d'un ancien peuple qui s'était établi parmi eux. Cette raison plut et sembla bonne ; elle l'était en effet, et j'obtins la permission d'achever le portrait.

Vous jugerez, Monsieur, par la description du type, s'il a un caractère prononcé, et s'il n'est pas de nature à laisser de fortes traces, soit dans ses déviations naturelles, soit dans les mélanges par croisement de race.

La tête est assez ronde, le front peu développé, bas et fuyant ; les yeux placés obliquement, de manière que l'angle externe est relevé ; le nez assez court et épaté ; la bouche saillante, et les lèvres épaisses ; le cou très-fort, en sorte que le derrière de la tête paraît aplati en formant presqu'une ligne droite avec la nuque ; la barbe faible et rare, et la taille petite. Vous concevez maintenant que l'exclamation qui m'échappa, quand je vis une pareille figure pour la première fois à Venise, était en partie justifiée par les souvenirs que la laideur de la personne et le nom de la patrie devaient me rappeler.

Cette raison, sans doute, ne suffit pas pour établir l'identité de ce type avec celui des Huns ; mais j'en ai de si fortes, qu'elles ne sauraient laisser le moindre doute. Le portrait que je vous ai tracé est d'après nature ; je n'ai puisé aucun trait dans les livres ; je ne les avais pas même consultés à cette époque. Comparons maintenant avec cette description celles que les anciens nous ont données des Huns, et que M. Desmoulins a pris la peine de réunir.

Voici le portrait d'Attila par Priscus : *Sa taille était courte*, sa poitrine large, sa tête démesurément grande, ses yeux petits, *avec la barbe rare*, le *nez épaté*, le teint noir.

Nous voyons dans Ammien-Marcelin un trait de plus : les Huns vieillissent imberbes ; tous ont les membres épais et robustes, le *cou gros*. La description que Jornandès a faite de ce peuple est presque complète : Les Huns sont *laids*, noirs, *petits* ; leurs *yeux* sont petits et *de travers* ; leur *nez écrasé* ; leur *visage sans barbe* ressemble à une tourte difforme (1).

Voilà des descriptions détaillées et précises, qui toutes d'ailleurs s'accordent parfaitement. Comparez-les maintenant avec celle que j'ai donnée d'un des types actuellement existants en Hongrie. Elles pourront être substituées à la peinture des Huns par les

---

(1) Cette comparaison bizarre a évidemment rapport au contour, qui n'est pas régulièrement arrondi.

anciens historiens ; et la manière dont ils les représentent servirait à nous retracer, à quelques nuances près, une race particulière en Hongrie. Je n'ai pas parlé de leur teint, parce qu'il ne m'a point paru caractéristique, et que les nuances de couleurs, souvent fugaces, se perpétuent difficilement, comme je l'ai indiqué plus haut (1).

Il est donc certain que les anciens Huns avaient essentiellement le même type que les Hongrois que j'ai décrits ; et à moins qu'un autre peuple, ayant les mêmes caractères physiques, ne soit venu s'établir depuis dans le pays, il suit des faits précédents qu'une partie de la population actuelle de la Hongrie est dérivée des Huns.

A l'établissement des Huns, qui eut lieu au cinquième siècle, succéda celui des Madgiars dans le neuvième ; et pour juger si ces deux peuples avaient les mêmes caractères physiques, il faut avoir recours aux principes que nous avons établis dans la discussion générale au commencement de cette lettre.

Il faut donc savoir jusqu'à quel point le type hun, que nous venons de décrire, règne dans la population actuelle de la Hongrie qui parle la langue madgiare. Mes observations personnelles prouvent qu'il y existe, et m'ont fait présumer qu'il y est très-répandu ; je ne

(1) Les Huns étaient d'un brun foncé ou d'un jaune enfumé ; car c'est ainsi qu'il faut entendre ce qu'on dit de leur teint. Quant à la grosse tête d'Attila, ce trait peut être individuel. Le Hongrois que j'ai vu à Venise avait la tête un peu forte pour sa taille, mais j'ignore si ce caractère est assez général pour faire partie du type.

dis pas dans sa pureté, mais plus ou moins altéré ;
de manière cependant que les traces en soient très-
visibles dans les mélanges. Le témoignage de deux
naturalistes distingués m'en donne l'assurance. En
passant par Genève, je montrai ma collection de portraits à M. Decandolle, qui s'intéresse beaucoup à
cette branche d'histoire naturelle, et qui s'en est toujours occupé dans ses voyages. Après avoir parcouru
les dessins qui représentaient les peuples slaves, aussitôt qu'il eut jeté les yeux sur la figure du petit Hongrois qui m'avait servi de type, il la reconnut et m'ap-
prit qu'elle était commune dans le pays. M. Beudan,
comme vous savez, a fait un voyage minéralogique
dans la Hongrie, et a porté son attention sur une foule
d'autres objets, parmi lesquels il n'a pas négligé la
considération des races ; il a aussi reconnu le type
que je lui ai montré comme caractéristique des Hongrois propres ou Madgiars. Il ne me fit qu'une observation relativement à la courbure supérieure de la
tête, qu'il trouvait trop surbaissée, mais qui n'affecte
nullement les caractères essentiels.

Ce type, soit pur, soit altéré, est donc trop répandu
pour qu'on l'attribue uniquement aux Huns, d'après
les principes que nous avons posés précédemment.
Car, quelque nombreux qu'ils aient été d'abord, comme
ensuite ils ont inondé l'Europe, s'ils en ont été le fléau,
ils ont eux-mêmes beaucoup souffert ; et la chute de
leur empire en Hongrie, peu après la mort d'Attila,
n'a pas manqué de réduire encore beaucoup leur nombre. On les a même dits exterminés à cette époque ;

mais nous savons en général à quoi nous en tenir sur ces exterminations. Il faut donc que leur type ait été perpétué et étendu par les Madgiars au neuvième siècle.

Continuons à puiser à la même source pour y chercher de nouveaux rapports qui nous dévoilent leur origine.

La vive impression que fit sur les nations envahies la figure des Huns ne provenait pas uniquement de son étrange laideur, mais aussi de ce qu'elle était tout-à-fait étrangère à l'Europe, et même aux peuples alors connus de l'Asie. Il n'est donc pas étonnant que des traits aussi fortement prononcés et distinctifs aient été dépeints par les historiens du temps avec la même précision que l'auraient fait des naturalistes modernes. Vous avez été frappé de l'exacte ressemblance du portrait qu'ils ont tracé de ces peuples anciens avec la description que je vous ai donnée d'une partie de la population actuelle de la Hongrie : mais la ressemblance ne se borne pas là ; elle s'étend à d'autres nations très-éloignées et n'est pas moins parfaite.

Vous l'aurez déjà reconnu, quoique vous ne vous occupiez pas spécialement de ces questions. Car qui peut ignorer ce caractère de tête qui appartient à une grande partie du genre humain et qu'on a désigné par le nom de type mongol? L'identité est évidente, et, pour être sentie, n'exige point le tact d'un naturaliste. Je n'ai donc pas besoin d'invoquer le grand nom de Pallas, qui a reconnu, dans la description des Huns par les anciens, les caractères de la race mon-

gole, ni de vous citer M. Desmoulins, qui en faisant la
même comparaison, a jugé de même.

La similitude établie, il faut en tirer parti ; et voici
d'après quels nouveaux faits et quelles considérations
nouvelles.

Vous savez que le type mongol n'appartient pas
seulement à la nation de ce nom, mais à une foule
d'autres de l'orient de l'Asie. Il y est tellement répandu, que, d'après tous les renseignements que j'ai
pu me procurer, il règne dans presque toute la moitié
orientale de cette partie du monde. Si vous coupez
l'Asie par une ligne verticale qui passe entre les deux
péninsules indiennes à l'embouchure du Gange, vous
la partagerez en deux parties presque égales ; et ces
deux moitiés ne contrastent pas plus par leur position
que par la configuration des peuples qui les habitent.
La moitié orientale présente presque partout une empreinte commune dans la rondeur plus ou moins marquée de la tête, dans le front peu développé et fuyant,
le nez épaté, les pommettes saillantes, la bouche un
peu avancée, les lèvres assez épaisses, le menton peu
fourni de poil, et la taille moyenne ou petite (1).

L'autre moitié, dans sa grande généralité, offre un
ensemble de traits qui leur donne un air de famille
avec les habitants de l'Europe ; ce qui me dispense de
les dépeindre.

(1) Pour avoir des caractères communs, tous ces peuples, qui forment
ainsi une grande famille, n'en seraient pas moins susceptibles d'être sous-
divisés en groupes distincts. Je n'ai pas besoin d'ajouter que ce type général
n'est pas le seul qu'on observe dans l'Asie orientale.

Dans cette division des contrées et des peuples de l'Asie, je ne prétends pas que la ligne imaginaire que nous avons tracée sépare complètement ces deux grandes familles du genre humain. En la dépassant à l'occident, nous trouvons de proche en proche quelques peuples absolument semblables à ceux qui habitent la moitié orientale; et nous en trouvons de pareils à mesure que nous avançons jusqu'aux limites de l'Asie et au-delà. Mais leur nombre est si petit relativement à la masse de la population si différente qui les entoure, ils ressemblent si parfaitement aux habitants de l'est, ils forment une chaîne si peu interrompue avec cette vaste région, que dans notre esprit nous les y rapportons comme à leur berceau. Cette induction, tirée de l'histoire naturelle, est complètement confirmée par les récits historiques et la comparaison des langues, qui font remonter à la même source tous les peuples à figure mongole répandus dans l'Asie occidentale, et au-delà dans les parties limitrophes de l'Europe. Il y a donc certitude que toutes ces irradiations dans l'Asie occidentale et la Russie partent du même foyer. Maintenant que dirons-nous en faisant un pas de plus, et en voyant les mêmes traits généraux chez une partie des habitants de la Hongrie? Cette similitude, d'après l'analogie des faits précédents, ne suffit-elle pas pour leur attribuer la même origine, sans consulter ni leur langue, ni leurs traditions, ni l'histoire? Ce genre d'induction ne peut aller au-delà; il ne saurait nous faire découvrir ni la date de l'émigration de leurs ancêtres, ni les régions qu'ils ont habitées ou parcourues, ni les vicissitudes de leur sort avant leur établissement dans la Hongrie. D'autres sciences pourront seules nous l'apprendre.

Le fond de leur langue, d'après les savants versés dans la linguistique, est finnois; mais le caractère physique des véritables Finnois n'est pas le même : et quand il le serait, n'aurions-nous pas toujours les mêmes raisons pour les rapporter à la même origine éloignée?

Les comparaisons respectives des traits et des idiomes donnent à la vérité des indications différentes, mais non pas contradictoires. Si la première nous apprend que les ancêtres d'une partie de la population actuelle de la Hongrie sont primitivement venus de l'Asie orientale, la seconde nous démontre qu'ils ont eu des rapports intimes avec les peuples finnois, dont ils ont adopté la langue avant de se fixer en Hongrie.

L'histoire répand-elle quelque lueur sur cette origine et sur ces rapports subséquents? Il n'en serait rien, qu'il faudrait encore les adopter; mais, vous le savez, elle s'est occupée de cette grande question, et par ses propres lumières elle découvre la même origine et les mêmes communications. L'entreprise était difficile et hasardeuse. De Guignes, traitant des peuples de l'Asie orientale, nous montre les Hioung-nou dans leur siége primitif, durant leurs progrès et leur décadence, les suit dans leurs émigrations et leurs rapports avec les peuples finnois, et les reconnaît dans les Huns qui viennent fondre sur la Hongrie.

Voilà donc l'histoire qui de son côté nous indique les régions orientales de l'Asie comme le berceau d'un peuple qui s'est établi dans la Hongrie, et les Finnois comme ayant eu des relations intimes avec ses ancêtres. Ainsi elle s'accorde d'une part avec les données de la physiologie quant à leur origine, et avec le résultat de la comparaison des langues quant à leurs relations avec les Finnois.

Si l'histoire, en s'appuyant sur les documents qui lui sont propres, procédait toujours avec certitude dans la recherche de l'origine et de la filiation des peuples, il serait inutile d'avoir recours à d'autres sciences pour l'éclairer. Mais elle ne saurait toujours remonter si haut sans risquer souvent de s'égarer; et si des preuves nouvelles, puisées à des sources étrangères, ne venaient pas fortifier ses conclusions, elles demeureraient souvent douteuses. Les recherches de De Guignes relatives aux Huns sont de cette nature. D'abord elles avaient été adoptées avec confiance; puis, à mesure que la critique historique s'est perfectionnée, elles ont paru incertaines. M. Abel Rémusat, dont l'autorité est du plus grand poids, s'exprime ainsi à l'égard de l'opinion de De Guignes: « On peut assurément la soutenir; mais elle est sujette à d'assez grandes difficultés, et la matière demande de nouveaux éclaircissements (1). »

C'est précisément ce qui donne de l'intérêt à nos recherches. Si De Guignes, partant de la Tartarie

(1) Recherches sur les langues tartares, t. I, p. 258, note 3.

orientale, croit toujours reconnaître un même peuple dans ses courses lointaines, et ses communications avec les Finnois, et le suit jusque dans la Hongrie; d'autre part, en observant une partie de la population actuelle de la Hongrie, qui parle une langue finnoise, je reconnais, d'après les caractères distinctifs et prononcés de la race, que leurs ancêtres étaient originaires de l'Asie orientale.

Mais je vais plus loin; je trouve que ce type est trop répandu pour l'attribuer uniquement aux descendants des Huns, et qu'il devait leur être commun avec les anciens Madgiars, peuple qui parle une langue finnoise et s'est fixé en Hongrie quatre siècles plus tard. J'établis ainsi une filiation entre les Huns et les Madgiars.

Or, suivant les traditions des Madgiars, leur chef Arpad, qui les conduisit en Hongrie, descendait d'Attila. Ainsi la tradition se trouve confirmée par des considérations tirées des caractères physiques. Ajoutons que les époques où ces deux princes ont vécu sont si rapprochées, que la tradition considérée en elle-même ne peut guère manquer d'être vraie.

Quant au type finnois proprement dit, il est probable qu'il existe aussi dans la même population; mais ce type n'a pas encore été bien dépeint et je n'ai pas eu l'occasion de le reconnaître.

La comparaison des langues pour parvenir à leur classification a donné naissance, dans ces derniers temps, à une science que les Allemands ont fondée, et qu'ils ont nommée *linguistique*. Vous en connaissez l'importance pour la solution d'une foule de questions historiques, et vous vous en êtes servi avec avantage. Le physiologiste doit s'y intéresser aussi, parce qu'elle lui présente de grands problèmes à méditer, et qu'elle lui sert de guide dans la recherche de la filiation des peuples ; et quoique la filiation des langues ne coïncide pas toujours avec la similitude des races, elles s'accordent souvent et dans une grande étendue.

Dans la comparaison des langues on considère presque exclusivement le matériel des mots, dont la réunion forme le vocabulaire ; la manière de les employer, objet de la grammaire ; et le génie des langues, expression qui indique des rapports trop vagues et trop peu approfondis pour que j'entreprenne de les définir.

La prononciation n'a pas été entièrement négligée, mais on ne s'en est pas assez occupé. Comme elle est à quelques égards du domaine de la physiologie, elle pouvait me fournir des considérations liées à mon sujet. Aussi ne l'ai-je pas perdue de vue dans l'étude des peuples ; et j'ai été conduit par là à des remarques qui ne sont peut-être pas sans intérêt.

Partons de ce qui est bien connu. Un homme fait peut parvenir à parler correctement une langue étrangère, mais il ne réussira pas de même à la prononcer. Il n'emploiera que les mots du pays ; il se conformera à la grammaire, et, qui plus est, à l'usage ; enfin son style sera pur ; mais il ne reproduira pas la pureté des sons. Indigène par la phrase, il paraîtra étranger par

l'accent. Tout en se servant des mots et des tournures
d'une autre langue, il conservera quelque chose de
l'intonation de la sienne, soit en élevant la voix sur
une syllabe plutôt que sur une autre, soit en substi-
tuant à des sons dont il n'a pas l'habitude ou difficiles
à imiter ceux qui lui sont familiers. Ainsi, voulût-il
renoncer à sa langue maternelle, ne la parler jamais
et même l'oublier, il en conserverait presque toujours
des traces ineffaçables dans les inflexions de sa voix ;
et ce caractère indélébile servirait à trahir son origine s'il voulait la cacher ; en sorte que de tous les
moyens de reconnaître un étranger, c'est le plus universel et le plus sûr. A ne considérer qu'un homme
en particulier, nous voyons que quelque chose de
l'accent et de la prononciation survit aux mots et
aux locutions de sa langue. En sera-t-il de même
d'une nation ? A plus forte raison. L'individu peut
multiplier à l'infini ses rapports avec ceux dont il veut
apprendre l'idiome et se former à l'imitation des
sons ; mais non pas tout un peuple.

Des étrangers, ordinairement en petit nombre, lui
imposent une langue nouvelle, et les communications
directes sont trop rares pour qu'il l'apprenne et la
transmette entière et parfaite. Elle est mutilée dans
les mots, dans les liaisons, dans la prononciation. Sous
ce dernier rapport le peuple fait, en adoptant une
langue étrangère et vivante, à peu près ce que nous
faisons en parlant ou en lisant une langue morte ;
chacun la prononce à sa manière, et nous sommes
alors par la voix aussi complètement Anglais, Français,

Allemands, Italiens ou Espagnols, que si nous parlions notre langue maternelle.

Le peuple qui aura changé de langue transmettra donc en partie à ses descendants son accent et sa prononciation primitive ; et quoique tout s'altère à la longue, nous ne voyons pas de raison pour qu'il n'en subsiste pas de traces évidentes dans le nouvel idiome pendant des siècles. Ces traces ne sont pas les mêmes partout chez le même peuple ; mais partout où il en subsiste elles servent à nous indiquer la même origine.

Je dois au célèbre Mezzofante, que j'ai eu l'occasion de voir à Bologne, un exemple de ce que j'avance, et je me plais à le rappeler ici à plus d'un titre. Vous y verrez d'ailleurs une singulière confirmation de ce que j'ai déduit de sources bien différentes touchant les Bretons d'Angleterre.

S'il est quelque caractère qui distingue l'anglais des autres langues modernes de l'Europe, c'est l'extrême irrégularité de sa prononciation. Ailleurs, quand on peut prononcer les sons fondamentaux, on parvient, à l'aide de quelques règles, à tout prononcer assez correctement, même sans y rien comprendre. En anglais, on ne sait prononcer que quand on sait la langue.

Mezzofante, en me parlant du gallois, y rapporta l'origine de ce caractère particulier de la langue anglaise. Je n'avais pas besoin de lui demander par quelle filière : je savais comme lui que les Anglais ne l'avaient pu emprunter aux Gallois, et que les Bretons, avant l'invasion des Saxons, parlaient la même langue. Ainsi il m'a donné de lui-même, et sans que je la cherchasse, une nouvelle preuve tout-à-fait indépendante des raisons qui m'avaient déjà persuadé que les Bretons n'avaient pas cessé d'exister en Angleterre malgré la conquête des Saxons.

On les avait crus éteints depuis tant de siècles, et il reconnaît leurs descendants pour ainsi dire au son de la voix ; je les ai reconnus à leurs traits ; que manquerait-il à leur identité ?

Il est à regretter que cet homme, qui surpasse tous les autres par sa prodigieuse connaissance des langues, se borne à montrer son savoir et cache sa science. Ce n'est pas à son étonnante mémoire et à une aptitude, pour ainsi dire innée, pour retenir les mots et leur combinaison, qu'il doit la facilité avec laquelle il se rend maître de tous ces idiomes, mais à un esprit éminemment analytique, qui pénètre promptement leur génie et se les approprie. Je tiens de lui qu'il les apprend en étudiant l'esprit plus que la lettre. Que savons-nous du génie des langues ? Presque rien. Mais s'il communiquait au monde le fruit de ses observations, on verrait naître une science nouvelle.

Nous voyons, d'après cette autorité respectable, quelle influence peut exercer sur la prononciation actuelle une langue anciennement éteinte, et que ses modulations, qui semblent si périssables et si fugaces, ont une durée et une fixité que n'ont pas toujours les monuments les plus solides.

Les observations que j'ai eu occasion de faire sur

les dialectes de l'Italie vous fourniront un autre exemple.

Le génois (1), le piémontais, le milanais, le brescian sont des dialectes parlés dans le nord de l'Italie sur les lieux mêmes occupés jadis par les Gaulois ; mais ces idiomes, quelques différences qu'il y ait entre eux, ont des caractères communs qui les font contraster surtout avec les dialectes du Midi. N'attribuerons-nous pas d'abord ce qu'ils ont ainsi de commun et de caractéristique à ce qui leur est resté de leur langue primitive ? Sans remonter à cette source, nous pouvons nous en assurer par une voie plus facile.

Les Gaulois établis des deux côtés des Alpes, en renonçant à leur langue pour adopter le latin, ont dû le modifier plus ou moins de la même manière, d'après les mêmes dispositions naturelles ou acquises, conformément au principe que nous avons établi.

Nous allons les comparer de part et d'autre, d'abord sous le rapport de l'accent, caractère tellement important pour celui qui sait l'apprécier, qu'on dénature singulièrement une langue quand on en change l'accentuation.

Les Français, du moins les Parisiens, prétendent qu'ils n'ont pas d'accent, c'est-à-dire qu'ils n'élèvent pas le ton de la voix plutôt sur une syllabe que sur une autre ; car nous n'employons pas ici ce terme dans le sens vague, qu'on lui donne trop souvent, de pro-

(1) Comme, suivant vous, les Gaulois étaient mêlés aux Ligures, je range ici leurs descendants les Génois.

nonciation; mais ils ont un véritable accent; seulement il est de bon ton de ne le pas faire trop sentir.
Il est en général placé sur la dernière syllabe; les gens
du peuple élèvent alors le ton d'une manière très-
marquée, et surtout les habitants de la campagne
dans presque toute la France. Les vrais Italiens, au
contraire, rejettent l'accent sur la pénultième; et la
voyelle finale représente ainsi les désinences variables
du latin. Les Français, terminant leurs mots là où ils
placent l'accent, les ont plus raccourcis; et telle est la
tendance de la langue, même dans les paroles où une
syllabe finale suit l'accent; car elle est plutôt figurée
que prononcée, et c'est à juste titre qu'on l'a appelée
muette.

Si les Gaulois transalpins ont donné ce caractère à
leur dialecte latin, il en est de même de leurs compatriotes cisalpins, qui l'ont porté peut-être plus loin.
La manière dont ils abrégent les mots latins, en met-
tant l'accent sur la dernière syllabe, faisait mon désespoir en entrant en Italie par le Piémont. Les mots
qui d'ailleurs m'étaient très-familiers y sont tellement
tronqués, qu'ils disparaissaient sans me laisser le temps
de les reconnaître.

Comme l'accent est de toutes les modifications d'une
langue celle qu'en général on remarque le moins malgré son importance, nous passerons à d'autres qui
présentent des rapports plus manifestes pour tout le
monde. Il y a plusieurs sons dans le français qui le
distinguent spécialement du véritable italien. De ce
nombre est l'*u* français. Vous savez la difficulté que

les Italiens du midi ont à le prononcer; c'est qu'il n'existe pas dans leur langue. Il pourrait servir à les faire reconnaître comme jadis le *shiboleth* des Juifs pour distinguer les étrangers. Eh bien! cette prononciation de la Gaule transalpine se reproduit dans la Gaule cisalpine, depuis les Alpes occidentales jusqu'au Mincio, dans les dialectes génois, piémontais, milanais, brescian, etc. Il y a plus; ils ont aussi le son français *eu* représenté par les mêmes lettres, son plus difficile encore pour un Italien que l'*u*. Il est très-commun dans ces idiomes; et il arrive souvent que les mots où il se trouve sont d'ailleurs modifiés de la même manière, comme *feu, peu, neuf*, etc. Certes, si l'on ne pensait pas à l'origine de ces peuples, on pourrait dire qu'ils ont emprunté les mots et les sons. Mais pourquoi les emprunter s'ils étaient aussi Gaulois? En adoptant le latin, les Gaulois en-deçà et au-delà des Alpes l'ont modifié d'après des dispositions communes, ou, si l'on veut, d'après les mêmes principes.

Une autre particularité de la prononciation française, au moins à l'égard de l'italien, se trouve dans la variété et la fréquence des sons qu'on a appelés voyelles nasales. Les Italiens qui habitent au-dessous des Apennins n'en ont pas. Elles abondent en français; et par analogie nous pouvons nous attendre à les retrouver dans les dialectes de la Gaule cisalpine; elles y sont en effet très-communes.

Les faits que je viens de rapporter ne sont pas les seuls que j'aie recueillis; mais comme ils suffisent pour établir la vérité générale, je n'ai pas besoin de citer les autres.

Je ne puis quitter l'Italie sans vous parler d'une peuplade dont on prétend que les ancêtres ont joué un grand rôle dans l'histoire, et qui vous intéressent particulièrement. Dans les montagnes du Vicentin et du Véronais se trouve une population étrangère. On la regarde comme un reste des Cimbres vaincus par Marius : on l'appelle même de ce nom, ou de celui d'habitants des sept ou des treize communes, suivant la province où elles sont situées. Sous tous les rapports je devais être curieux de les connaître ; je me proposai de les visiter, si je le pouvais, ou du moins de me procurer à leur égard tous les renseignements les plus exacts. On dit qu'un prince de Danemarck les a été voir et qu'il les a reconnus pour ses compatriotes. Si réellement ils parlent un dialecte danois et qu'ils soient les descendants des Cimbres de Marius, leur affinité avec les Gaulois que vous appelez Kimris ne pourrait guère subsister ; à moins de supposer que déjà du temps de Marius ils avaient changé de langue ; et cette supposition, je pense, ne vous conviendrait pas. Avant d'approcher des cantons qu'ils habitent, je m'étais déjà convaincu qu'ils ne pouvaient, même dans cette hypothèse, provenir de la Chersonèse Cimbrique. A Bologne, Mezzofante m'avait fait voir un échantillon de leur langue, l'Oraison dominicale : cet idiome, loin d'être danois, est de l'allemand tellement facile et intelligible, qu'il n'y avait pas un mot que je ne comprisse de suite. Lorsque j'arrivai à Vicence et ensuite à Vérone, la saison n'était nullement favorable à un voyage dans les montagnes. Les glaces, les neiges et les mauvais chemins me l'interdisaient. Le jeune comte Orti de Vérone eut la bonté d'y suppléer en partie, en me faisant chercher dans la ville quelques-uns de ces montagnards qui y viennent fréquemment. J'eus donc la satisfaction de les voir et de les entendre parler; mais si je ne pouvais me permettre de tirer aucune conclusion des traits de leur figure à cause du petit nombre d'individus, je pouvais au moins juger de la nature de leur langue.

Je parlais à l'un d'eux en allemand; il me répondait dans sa langue, et nous nous comprenions parfaitement. Je m'assurai ainsi que leur idiome est de l'allemand, et qu'il n'appartient nullement aux dialectes scandinaves.

Il suffisait donc des considérations tirées de la comparaison des langues pour me convaincre que ces montagnards n'étaient pas un reste des Cimbres de Marius. J'ignorais alors les recherches historiques que le comte Giovanelli venait de publier sur ces prétendus Cimbres. Le comte Orti eut la bonté de me les communiquer, et le docteur Labus dans la suite m'en procura un exemplaire (1). Le comte Giovanelli, conduit par des raisons semblables à celles que je viens d'exposer, et par d'autres que je supprime, chercha, dans les auteurs qui ont écrit à l'époque de la déca-

_____

(1) Dell' origine dei sette e tredici comuni e d'altre popolazioni alemanne abitanti fra l'Adige e la Brenta nel Trentino nel Veronese e nel Vicentino. Memoria del C. Benedetto Giovanelli. Trento, 1828.

dence ou de la chute de l'empire romain, les traces
d'un peuple allemand qui se serait établi dans ces régions avant l'invasion des Lombards.

Il y trouva des documents authentiques et précis
qui font connaître l'événement et en constatent l'é-
poque, les circonstances et la cause. Ennodius, dans
son panégyrique de Théodoric, roi des Ostrogoths,
en Italie, lui adresse ces paroles (1) :

« Tu as reçu les Allemands dans les confins de
» l'Italie et tu les y as fixés sans porter préjudice aux
» Romains propriétaires du sol. Ainsi ce peuple s'est
» trouvé avoir un roi, à la place de celui qu'il avait
» mérité de perdre. Il est devenu le gardien de l'em-
» pire latin, dont il avait tant de fois envahi les fron-
» tières ; il a été heureux d'avoir fui sa patrie, puis-
» qu'il en a trouvé une plus riche et plus fertile. »

Une lettre de Théodoric, roi d'Italie, écrite par
Cassiodore, et adressée à Clovis, roi des Francs,
explique la cause et les circonstances de ces événements (2) :

« Votre main victorieuse a soumis les peuples alle-

---

(1) Quid quod à te Allemanniæ generalitas intra Italiæ terminos sine
detrimento Romanæ possessionis inclusa est, cui evenit habere regem,
postquam meruit perdidisse. Facta est Latialis custos imperii, semper nos-
trorum populatione grassata. Cui feliciter cessit fugisse patriam suam, nam
sic adepta est soli nostri opulentiam.

(2) Cassiodori, Var., l. 11-41. Luduino regi Francorum, Romæ Theo-
doricus rex, etc. Allemannicos populos, causis fortioribus inclinatos, vic-
trici dextrà subdidistis, etc. Sed motus vestros in fessas reliquias temperate ;
quia jure gratiæ merentur evadere, quos ad parentum vestrorum defen-
sionem respicitis confugisse. Estote illis remissi qui nostris finibus celantur
exterriti, etc. Sufficiat illum regem cum gentis suæ superbià cecidisse.

» mands abattus par des causes puissantes, etc. ; mais
» cessez de poursuivre ces restes malheureux, car ils
» méritent leur grâce, puisqu'ils ont cherché un asile
» sous la protection de vos parents. Soyez clément
» pour ceux qui dans leur frayeur se sont cachés
» dans nos confins, etc. Qu'il vous suffise que leur
» roi soit tombé, et avec lui l'orgueil de son peuple. »

D'après ces renseignements formels, vous voyez
que ces prétendus Cimbres sont des Germains du midi
appartenant à la confédération des Allemands, dont
le nom fut ensuite étendu à tous les peuples de la
Germanie. Ainsi disparaît une forte objection qu'on
pourrait élever contre la parenté que vous avez reconnue entre les Cimbres et les Kimris.

D'ailleurs mes observations sur les caractères physiques des peuples n'ont aucun rapport avec cette
partie de votre histoire et en sont entièrement indépendantes.

En établissant que les types étaient transmissibles ;
en faisant voir que les peuples que j'ai eu l'occasion
d'étudier en avaient de caractéristiques ; en remon-
tant ainsi à leur origine dans les temps historiques,
et en comparant les résultats de ces recherches avec
les données de l'histoire, j'ai rempli les engagements
que j'avais pris en commençant cette lettre, ainsi que
les indications du titre. J'ai posé les principes ; j'en
ai fait l'application à des peuples qui occupent la plus
grande partie de l'Europe ; je n'ai rien négligé pour
m'assurer de la vérité ; je n'ai tranché ni dogmatisé
sur rien ; j'y ai mis toute la réserve que devaient inspi-

rer et la nouveauté et la difficulté du sujet. Aussi j'ose
espérer que vous partagerez ma conviction, et que
vous ne serez pas le seul qui y prenne quelque intérêt. J'aurais pu m'étendre davantage en multipliant
les preuves ; mais l'évidence n'y gagne pas toujours ;
surtout je devais ménager le temps de mes lecteurs.
Une si grande variété d'objets attire et partage leur
attention, qu'il faut être court si l'on veut être lu.
C'est pourquoi j'ai cherché les raisons les plus fortes,
en ayant soin que la concision ne nuisît pas à la clarté.
Si donc j'ai traité une foule de questions dans un court
espace, vous ne me reprocherez pas de les avoir tou-
chées légèrement.

Quant aux applications possibles, elles sont trop
nombreuses pour qu'un seul homme puisse y suffire
dans l'état actuel de nos connaissances. Je me suis
borné à celles dont je pouvais répondre. Les matériaux manquent même pour compléter l'esquisse des
peuples de l'Europe. Que de problèmes intéressants
à résoudre dans l'étude des peuples germaniques qui
s'étendent depuis les Alpes jusque dans la Scandina-
vie, et auxquels nous devons tant d'éléments de la
civilisation moderne ! Quel intérêt doit inspirer une
connaissance plus exacte des peuples que l'on commence à nommer Ibères, du nom de leurs ancêtres,
et qui sont répandus dans le midi de la France et dans
la Péninsule ! Déjà l'examen critique des langues, et
les recherches historiques fournissent des documents
précieux ; mais la détermination des divers types qui
caractérisent chacune de ces familles européennes n'a

pas encore été tentée. Ici, comme chez d'autres peuples, il n'y a pas un type unique, mais plusieurs. J'en ai assez vu pour pouvoir l'affirmer avec certitude, mais pas assez pour reconnaître les principaux groupes et les considérer dans leurs rapports avec l'histoire. Le type des Basques mêmes n'est pas décrit ; ce peuple dont un savant d'un nom illustre a fait connaître la haute antiquité et la prédominance dans l'ancienne Ibérie (1), que vous avez fait paraître dans l'histoire, et sur lequel les travaux de M. Fauriel répandront un nouvel éclat.

On peut espérer de voir bientôt remplir ces lacunes ; car ces peuples sont peu éloignés, et touchent presque de toutes parts à la France. Encore faut-il les visiter, les étudier avec soin, ne pas se contenter d'une vue superficielle.

Nous connaissons mieux nos antipodes que nos voisins, les peuples sauvages que les peuples les plus anciennement policés, ceux qui n'ont aucun document historique que les nations qui ont répandu sur elles-mêmes et sur les autres les lumières de l'histoire.

Les savants qui ont fait partie des derniers voyages de découvertes ont donné une attention particulière à ce genre d'observations ; et grâce à leurs travaux, les habitants des îles nombreuses de la mer Pacifique sont maintenant mieux connus que ceux de presque

_____

(1) Prüfung der untersuchungen über die Urbewohner Hispaniens vermittelst der Vaskischen Sprache (Recherches sur les anciens habitants de l'Espagne, au moyen de la langue basque); par Guillaume de Humboldt. Berlin, 1821.

toutes les autres parties du monde (1). Mais il est sans doute autant de l'intérêt des sciences d'acquérir des notions plus exactes sur les contrées et les nations célèbres de l'ancien continent, que de parcourir les mers, d'explorer les îles et d'étudier les peuplades du nouveau monde.

Deux expéditions de savants sont parties pour l'Égypte et la Grèce.

Si mes souvenirs sont fidèles, le tombeau du roi d'Égypte dont je vous ai déjà parlé offre la preuve de deux types très-distincts chez les anciens Égyptiens : celui qui est à remarquer dans les personnages du peuple, et celui que l'on voit aux figures des grands. On assure que ce dernier, le seul dont on se soit occupé, existe parmi les Kophtes. L'autre sans doute s'y trouve aussi; mais je soumettrai la question aux savants qui peuvent l'examiner sur les lieux. La compa-

(1) M. Lesson, qui a fait partie de l'expédition commandée par le capitaine Duperrey, vient de publier le résultat de ses observations sur les habitants des îles de l'Océan Pacifique et d'une partie de la côte occidentale de l'Amérique. Je puis vous le citer comme un exemple de l'esprit dans lequel des sujets de cette nature doivent être traités; distinction de races chez des peuples qui occupent le même sol, comparaison de langues, de caractères, de mœurs, d'usages, d'industrie, de connaissances; tout y est traité avec discrétion et discernement; et l'on y trouve des indications de rapports avec les peuples du continent de l'Asie, qui semblent devoir conduire un jour, lorsqu'elles seront plus multipliées et plus précises, à des résultats importants, qui suppléeront au silence de l'histoire.

Le capitaine Freycinet prépare un travail sur quelques-uns de ces peuples, qui confirmera ce rapprochement.

M. Denis s'est livré à des recherches très-étendues et très-curieuses sur la poésie des peuples sauvages, qui fourniront des matériaux intéressants pour l'histoire naturelle de l'homme.

raison de ces types avec ceux qui se trouvent dans l'Égypte, soit parmi les Kophtes, soit parmi les Fellahs dans la Nubie, dans l'Abyssinie et peut-être dans l'Arabie, dont la population ne me paraît pas non plus formée sur un modèle unique, pourra conduire à la solution de hautes questions.

L'autre expédition, destinée à la Morée, n'aura peut-être pas un espace suffisant pour distinguer avec certitude dans la population actuelle les descendants des Pélages et des Hellènes. Il n'est pas présumable que les premiers aient été exterminés ou expulsés de toutes les parties de la Grèce. Déjà Malte-Brun, soit par ses propres lumières, soit par celles qu'il a empruntées, a cru en reconnaître les traces dans les langues qu'on y parle encore.

Peut-être que dans cette occasion ou dans les relations plus étendues qui auront lieu après le retour de la paix, l'étude approfondie des types, éclairée par une saine critique, rétablira parmi les Grecs modernes l'ancienne distinction des Pélages et des Hellènes, comme nous avons rétabli celle des Galls et des Kimris chez les peuples Gaulois d'aujourd'hui.

En attendant je puis vous fournir des renseignements nouveaux sur la population de la Morée, qui viennent confirmer les vues générales que j'ai exposées.

On parle du caractère de la tête grecque sans en avoir des idées bien précises, ou du moins sans les déterminer nettement. Cependant cette précision est indispensable, comme vous allez le voir. Si les monuments des arts de la Grèce n'en offraient qu'un seul, il ne faudrait pas d'autre désignation, mais ils présentent des différences remarquables.

La plupart des divinités et des personnages des temps héroïques sont formés sur le même modèle, qui constitue ce qu'on appelle le beau idéal. Les formes et les proportions de la tête et des traits sont tellement régulières, qu'on pourrait les décrire avec une exactitude mathématique. Il suffirait du contour en ovale parfait, du front et du nez si droits, sans dépression sensible entre les deux, pour distinguer le type. L'harmonie est telle, que la présence de ces traits suppose les autres. Mais tel n'est pas le caractère des personnages des temps héroïques. Philosophes, orateurs, guerriers, poètes, presque tous en diffèrent et forment un groupe à part. On ne saurait le confondre avec le premier. Je n'entreprendrai pas de le décrire ici. Il suffit de l'indiquer pour qu'on reconnaisse de suite combien il s'en éloigne. Il se rapproche au contraire beaucoup du genre de figure qu'on rencontre dans d'autres contrées de l'Europe, tandis que le premier ne s'y voit presque jamais.

A ne consulter que les monuments de la Grèce, à cause du contraste que j'ai signalé, on serait d'abord tenté de regarder le type des personnages fabuleux ou héroïques comme idéal. Mais l'imagination enfante plus facilement des monstres que des modèles de beauté, et ce principe seul suffirait pour nous convaincre qu'il a existé dans la Grèce et les pays où sa population s'est répandue, s'il n'y existe pas encore. Cependant on pourrait croire qu'il y a toujours été très-rare, et qu'il doit l'être bien plus aujourd'hui, s'il a pu se conserver.

M. de Stackelberg et M. de Bröndsted ont voyagé dans la Morée, et m'ont fait part d'observations qui m'ont inspiré le plus vif intérêt. Ils m'ont assuré que le type des personnages héroïques s'y trouve dans toute sa pureté, et avec cette fréquence qui donne à une partie de la population un caractère distinctif.

Des Valaques se sont établis sur les montagnes de l'Arcadie, et leur langue, mêlée de grec moderne, est en usage dans une partie de la population. Les bergers de ces montagnes sont même désignés par le nom de ce peuple, en sorte qu'on a pu croire, et l'on croit en effet qu'ils ne descendent pas des anciens Arcadiens, mais des Valaques. Vous pensez bien que je ne pouvais admettre cette opinion. M. de Stackelberg a reconnu qu'on trouvait parmi eux beaucoup de figures semblables à celles des véritables Grecs ; et M. de Brondsted m'a assuré qu'il avait vu les belles formes du type grec pour le moins aussi souvent chez les bergers d'Arcadie que chez les Maïnotes, qui représentent les anciens Lacédémoniens.

Il s'est donc perpétué, ce type, malgré tant de circonstances défavorables, dans un petit espace si souvent dévasté par le fer, le feu, la famine et la peste, dans une population qui n'a jamais été nombreuse, et qui a été long-temps soumise à des maîtres impitoyables, dont elle a tant de fois excité et subi l'horrible vengeance.

Mais les vrais descendants des Grecs sont bien plus nombreux encore qu'il ne paraîtrait d'après cet exposé.

Nous avons vu qu'il existait dans l'ancienne Grèce un autre type que présentaient la plupart des grands hommes des temps historiques. Celui-ci, n'en doutez pas, et j'en atteste ces mêmes monuments, était le plus répandu; il l'est encore aujourd'hui. Ce que j'ai vu de Grecs me le persuade; ce que j'ai entendu dire le confirme. Mais ce témoignage est pour ainsi dire superflu. D'après ce qui précède, c'est une nécessité.

Nul peuple n'a conservé avec plus de fidélité la langue de ses aïeux. Nul peuple n'a conservé plus d'usages, plus de coutumes, plus de souvenir des temps antiques. Au milieu d'eux les murs d'Argos, de Mycène et de Tyrinthe, qui déjà du temps d'Homère étaient d'une haute antiquité, sont encore debout; des Rapsodes parcourent encore le pays, et chantent avec le même accent et les mêmes paroles les événements mémorables; eux-mêmes sont l'image de ceux que ces souvenirs rappellent avec tant de force, et la ressemblance des traits est rehaussée par la similitude des événements (1). S'ils ne représentent pas sous le rapport de la civilisation leurs ancêtres des beaux siècles de la Grèce, ils représentent ceux

(1) Sir W. Gell, que j'ai eu le plaisir de voir à Rome, m'a montré les dessins qu'il a faits de ces murs, véritables murs cyclopéens.

M. Stackelberg va faire paraître sur les costumes des Grecs un ouvrage qui prouvera ce que j'avance. M. de Bröndsted a publié *Voyages et Recherches dans la Grèce. Paris.*

qui les ont amenés. La même nature, si elle est également favorisée par les circonstances, sera susceptible des mêmes développements. Si les générations des temps barbares, instruites par les Phéniciens et les Égyptiens, ont perfectionné les arts et les sciences avec une rapidité sans exemple chez les autres nations, pourquoi leurs descendants, environnés de toutes les lumières de l'Europe, ne parviendraient-ils pas à s'éclairer plus rapidement encore?

Après avoir indiqué deux types comme ayant existé et comme existant encore dans la Grèce, ne croyez pas que je me hâte de les rapporter aux deux races historiques de ce pays. Ce n'est pas avec cette précipitation de jugement qu'il convient de traiter ces questions. Ce n'est pas ainsi que j'ai procédé lorsqu'ayant reconnu deux types remarquables parmi les peuples gaulois, il a fallu les rattacher à leurs dénominations historiques. J'avais alors toutes les données requises pour me décider. Ici elles sont insuffisantes; c'est pourquoi je me bornerai à quelques observations qui pourront ne pas être inutiles à ceux qui voudront s'en occuper sur les lieux.

Des deux types que nous avons indiqués, il est certain que le premier est pur; il n'est pas certain que le second le soit. Il se pourrait qu'il fût le résultat d'un mélange du premier avec un autre qui nous est inconnu, parce qu'il ne me semble pas assez uniforme ni assez original. Il conviendrait de le chercher dans toute la Grèce en donnant à ce nom le sens le plus étendu.

Un peuple s'y trouve qui n'a pas été assez étudié. Il parle une langue qui lui est propre; on ne sait d'où il vient, ni quand il s'y est établi; du moins je n'ai rien pu apprendre à ce sujet de ceux qui devaient en être le mieux instruits. Les Albanais paraissent être à quelques égards dans la Grèce ce que les Basques sont des deux côtés des Pyrénées, les Bretons en France, les Gallois en Angleterre, et ceux qui parlent la langue erse en Écosse et en Irlande : un reste des anciens habitants. Pourquoi ne les regarderait-on pas comme tels, s'il est vrai qu'on ne trouve pas de trace de leur origine étrangère ni dans leurs traditions, ni dans l'histoire, ni par la comparaison des langues? Pourquoi ne seraient-ils pas les descendants des Pélasges(1)? J'ai vu des Albanais à Venise, et j'en ai fait dessiner; mais je ne me hasarderai pas à exposer les idées qu'ils m'ont suggérées, que je ne sache si j'ai vu le type caractéristique de ce peuple, et si les indications de leur ori-

(1) La diffusion de la langue slave, dans le nord et l'occident de la Grèce, pourrait faire croire à la prédominance du type slave. Mais j'ai eu l'occasion de reconnaître que ce type ne se retrouvait guère ni chez les Croates ni chez les Dalmates. M. Beudant, à qui j'ai communiqué cette observation, m'a dit qu'il avait fait la même remarque. Tout porte donc à croire que les descendants des anciens peuples de la Grèce subsistent encore en grand nombre, même parmi ceux qui n'en parlent plus la langue. Qu'on ne suppose pas cependant que tout Albanais soit de race pure; la langue et l'histoire prouvent le contraire. Suivant vous, des Gaulois se sont anciennement établis dans ce pays. Moi-même j'ai reconnu des Kimris parmi les Dalmates. On ne serait sûr de la détermination du type que si on le retrouvait dans d'autres parties de la Grèce, ou dans des pays jadis possédés par les Pélasges. Il faudrait d'ailleurs que ce type, par croisement avec celui des temps héroïques, pût produire les caractères de tête des personnages des temps historiques.

gine que je viens de rapporter sont vraies ou illu-
soires.

Il est à espérer que les savants envoyés dans les
deux pays qui ont été les premiers foyers des lumières
de l'Europe ouvriront une nouvelle carrière d'expéditions scientifiques qui rivaliseront avec celles des
navigateurs, en ce qui concerne la détermination exacte
des variétés des races humaines.

L'Arabie, la Perse et l'Inde réclament une attention particulière. Les résultats importants auxquels on
est parvenu depuis peu sur les langues de l'Inde font
vivement désirer que les voyageurs et les Européens
établis dans le pays s'occupent de la détermination
des types parmi les Indiens. Tout porte à croire que
la distinction fondamentale des langues que M. Burnouf fils y a signalée s'accordera dans une certaine
étendue avec les différences marquées dans les caractères physiques de ces peuples. Elles sont même clai-
rement indiquées dès les premières lueurs de leur histoire, qui nous montre les deux plus anciens peuples
de l'Inde formant un contraste par leur couleur et par
leur situation géographique. Notre jeune ami Jaque-
mont, qui est parti pour l'Inde et doit y rester plusieurs années, m'a promis de s'en occuper.

Les descendants des Perses existent encore dans les
Parsis ou les Guèbres. La détermination des types de
cette partie et du reste de la population et leur comparaison avec ceux de leurs voisins contribueraient
sans doute, avec les données que fournit la filiation

des langues, à éclairer des points très-obscurs de l'histoire (1).

Je vous ai dit que la population de l'Arabie ne me paraissait pas uniforme. Quel pays offrirait aux amateurs de l'histoire naturelle de l'homme un champ plus curieux? De tous les peuples célèbres de la terre, il est peut-être le seul qui n'ait pas été subjugué; aucun ne s'est répandu plus au dehors et plus au loin; et la parfaite ressemblance de la langue arabe avec celle de plusieurs autres peuples agrandit encore la sphère de ces rapports.

Dans les discussions auxquelles je me suis livré, je me suis renfermé strictement dans mon sujet. J'ai pris les types tels qu'ils sont; j'ai indiqué l'ensemble et la nature des caractères qui les constituent; j'ai considéré leur existence dans une certaine durée limitée, et non dans tous les siècles; je me suis contenté de ce que je pouvais savoir; je n'ai pas été au-

(1) M. Burnouf fils s'occupe d'un travail très-neuf sur les rapports du sanscrit et du zend avec quelques langues de l'Europe. Il a cru reconnaître jusqu'ici que le sanscrit avait l'analogie la plus directe avec le grec, tandis que le zend, modification du sanscrit, se rapprochait davantage des langues germaniques. N'est-ce pas une coïncidence singulière que j'aie lieu de croire, d'après les documents que j'ai eus sous les yeux, que le type du beau idéal grec existe ou a existé dans l'Inde? D'autre part, les figures d'un groupe que j'ai vu dans le tombeau du roi d'Égypte, et que Belzoni regarde comme des Persans, ont la plus grande ressemblance avec l'un des types caractéristiques des peuples Germains. Ce que je viens de dire sur les rapports des caractères physiques n'est qu'un simple aperçu que je présente aux voyageurs pour qu'ils veuillent bien s'en occuper.

L'atlas de Belzoni ne saurait vous donner une idée des caractères de tête des personnages représentés dans le tombeau du roi d'Égypte; ils y sont défigurés.

delà. Il est évident que les faits et les considérations
que j'ai présentés ne tendent pas à établir leur constance inaltérable; puisque j'ai indiqué des conditions
où ils continuent à subsister, et d'autres où ils se dé-
naturent. Mon sujet ainsi circonscrit laisse, au-delà
de ses limites, le champ libre à toutes les opinions.

En donnant à une réunion de caractères bien déter-
minés la dénomination de type, mot qui a le même
sens dans le langage ordinaire et dans l'histoire naturelle, j'évite toute discussion relative au rang qu'oc-
cuperait le groupe qu'il caractériserait dans une classification générale, puisqu'il convient également à
toutes les distinctions de variété, de race, de famille,
d'espèce, de genre et d'autres plus générales encore.

Lorsque je parle de types primitifs, j'emploie des
expressions relatives aux autres formes de la population. Ils sont purs ou primitifs lorsqu'il est évident
qu'ils ne proviennent pas d'un croisement avec d'autres
qu'on y observe. Je n'y attache pas une signification
plus étendue.

On les détermine en cherchant les figures qui diffèrent le plus entre elles, et en remarquant si elles se
reproduisent assez souvent pour constituer des groupes plus ou moins considérables, suivant l'étendue
de la population. Leur présence sur le même sol produit des croisements multipliés, dans lesquels on pourra
reconnaître les éléments qui les composent lorsqu'ils
sont peu nombreux.

Il est vrai que deux races suffisent pour produire
une infinité de nuances intermédiaires. L'observateur

qui n'est pas prévenu ne sait où arrêter ses regards ; et son esprit, rebuté par des variétés sans cesse renaissantes, croit qu'il n'y a rien de constant, rien de fixe, rien de déterminé, surtout s'il les voit régner dans une grande partie de la population ; car il peut arriver, et il arrive en effet souvent, que les races croisées prédominent ; et les individus de races pures qui s'y mêlent ne lui paraissent que des diversités de plus qui ajoutent à l'inextricable confusion.

Elle disparaît au contraire, et le chaos se débrouille, si l'on cherche les diversités extrêmes. Quand on les a saisies, on les voit se reproduire fréquemment avec des caractères constants. Les deux groupes qu'elles constituent s'étendent à mesure que les observations se multiplient ; et plus les formes qui les distinguent contrastent entre elles, plus on est assuré qu'elles sont primitives. Après être ainsi remonté aux types élémentaires, on parvient au dernier degré de certitude en suivant leurs traces dans la variété de nuances qui résulte de leur fusion.

Nous avons dit que les races croisées pouvaient prédominer. Il se peut aussi que les races pures qui les ont produites se soient mêlées dans des proportions assez constantes pour créer un type intermédiaire, qui serait le plus commun. Il ne faut donc pas s'en laisser imposer par la prédominance d'un type, mais s'assurer par les moyens que je viens d'indiquer s'il n'est pas dérivé.

Je me suis abstenu d'examiner dans cette lettre si les groupes que j'ai distingués par les formes et les proportions du corps avaient aussi des dispositions morales et intellectuelles qui leur fussent propres.

Quoique je n'aie pas négligé cet objet d'observation, et qu'il ne soit pas étranger au but dont je me suis occupé, il n'y est pas tellement lié qu'on ne puisse en faire abstraction. Si j'avais pu satisfaire mes lecteurs en traitant ce sujet brièvement, je n'aurais pas hésité à vous communiquer mes remarques. Mais cette question est d'une autre difficulé que celles que j'ai traitées ; sans doute à cause de sa nature, mais surtout à cause de la diversité des points de vue sous lesquels on voudrait l'envisager.

Elle peut cependant être traitée de manière à concilier tous les esprits ; car il a été de tous les temps et de tous les lieux d'attribuer certaines dispositions morales, certaines tournures d'esprit, à divers peuples, quelles que soient les causes auxquelles on croie devoir les rapporter. Il faudrait donc, pour simplifier la recherche, la débarrasser de tout examen de ces causes, et se borner à constater si on peut reconnaître un caractère moral particulier à un groupe qu'on aurait distingué par des caractères physiques.

Il ne s'agirait donc que d'une simple coïncidence, et non d'un rapport nécessaire ; et chacun l'expliquerait, si elle était établie, comme il le jugerait à propos. Car quelles que soient les causes qui ont déterminé un caractère moral chez un individu ou chez un peuple, il a toujours une certaine durée ; et ce rapport ainsi limité, s'il était constaté par l'observation, ne manquerait pas de fournir des résultats utiles

et intéressants que personne ne serait disposé à rejeter.

Mais la question, réduite à cette apparente simplicité, ne laisse pas de renfermer des éléments trop
nombreux pour que je me permette de l'aborder dans
cette occasion.

M'étant proposé de considérer les caractères physiologiques des races humaines dans leurs rapports
avec l'histoire, j'ai dû choisir les plus positifs et les
plus manifestes. Désirant cimenter cette alliance nouvelle entre cette science et la physiologie, j'ai craint
de m'engager dans la considération de rapports vagues et abstraits qui auraient pu l'affaiblir et en com-
promettre le sort.

FRAGMENTS D'UN MÉMOIRE

SUR

LES GAËLS,

PAR W. F. EDWARDS,

MEMBRE DE L'INSTITUT, DE L'ACADÉMIE ROYALE DE MÉDECINE, DE LA SOCIÉTÉ ROYALE
DE LONDRES, ETC., ETC., PRÉSIDENT HONORAIRE DE LA SOCIÉTÉ ETHNOLOGIQUE DE
PARIS.

IMPRIMERIE DE Mme Ve DONDEY-DUPRÉ,
Rue Saint-Louis, 46, au Marais.

FRAGMENTS D'UN MÉMOIRE

SUR

LES GAËLS *.

S'il n'y avait dans un pays qu'une seule race, il serait parfois facile d'en connaître le nom. Mais s'il y en avait plusieurs, ce serait souvent très-malaisé; car leurs caractères physiques n'étant presque jamais décrits, à quels autres caractères pourrait-on les reconnaître? Si cependant chacune de ces populations possédait son ancienne langue, la difficulté ne serait pas nécessairement très-grande; car cette langue contiendrait peut-être le nom de la race. Mais la difficulté pourrait être plus considérable, si quelques-unes de ces races avaient changé de langue; car alors les savants pourraient se disputer sur

---

* Peu de jours avant sa mort, M. Edwards avait commencé ce mémoire, auquel il ne put mettre une dernière main; la Société l'imprime tel qu'elle l'a reçu, par un souvenir d'affection et un sentiment de respect pour son principal fondateur.

l'idiome primitif, et être d'un avis très-différent sur l'ancienne race.

Il pouvait y avoir une difficulté de cette nature dans la détermination des races qui existaient primitivement en France, car plusieurs peuples sont venus s'y fixer, et par la suite il y en a qui ont changé de langue; mais, comme on le verra, cette tâche n'est pas si difficile qu'on aurait pu le supposer. Effectivement, la plupart des célèbres historiens qui ont écrit l'histoire romaine ont parlé de ces races, et deux hommes d'une grande illustration nous ont donné à leur égard des renseignements précis. Nous avons, relativement à leurs langues, de grands avantages; car elles parlent encore les idiomes qu'elles parlaient anciennement. Nous avons d'ailleurs pour chacun d'excellents dictionnaires et de très-bonnes grammaires.

Des savants allemands, qui ont fondé la linguistique, ont fait à ce sujet des travaux considérables.

Le plus célèbre antiquaire de France a parlé très-bien des Gaëls; M. Amédée Thierry, le premier des historiens qui aient distingué les races historiquement, a traité ce sujet d'une manière complète. M. le docteur Prichard a dernièrement donné sur la même question une dissertation étendue; il est entièrement de l'avis de M. Amédée Thierry sur les points principaux, un seul excepté, ainsi que je l'expliquerai plus tard.

Il y a quelques années que j'ai fait connaître les caractères physiques de la plupart des races de l'Europe. Maintenant, j'ajouterai tout ce que j'ai à dire sur les races gauloises, surtout sur les Gaëls. Comme nous devons donner leur histoire naturelle, il nous importe de traiter de leur caractère physique et de leur caractère moral.

Lorsqu'on veut étudier les caractères physiques des races, et chercher à les déterminer avec exactitude, il convient surtout de faire dessiner avec soin les portraits en plein des uns, et en profil des autres. Ces figures sont indispensables, parce qu'on ne saurait reconnaître, sans voir le plein, si la face est large ou étroite, caractère très-important, et le profil est nécessaire pour savoir si le derrière de la tête est plus ou moins saillant, forme qu'on ne doit pas ignorer. J'ai fait un voyage en Italie et plusieurs en France; j'y ai étudié les races avec un soin particulier, et je me suis donné la peine de les faire bien dessiner.

Je commençais à démêler sur les frontières de la Bourgogne un ensemble de formes et de traits qui constituait un type particulier. Il devenait plus prononcé et se reproduisait plus souvent à mesure que j'avançais dans le pays. Il se présentait fréquemment le long de la route d'Auxerre à Châlons. Je m'empressai d'aller dans cette dernière ville, pour observer les figures de la population de la campagne des environs; je fus surpris d'en voir aussi un grand nombre d'autres, totalement différentes de celles dont j'ai parlé jusqu'ici. Les unes et les autres présentaient des types tellement distincts, qu'ils formaient entre eux un parfait contraste.

Le type prédominant et bien caractérisé que j'avais observé jusqu'à Châlons continua à s'offrir fréquemment à mes yeux pendant tout le reste de ma route dans la Bourgogne. Les mêmes caractères de forme et de proportions, avec une autre nuance de teinte, se présentèrent depuis la Saône jusqu'au Mont-Cenis.

Je l'avoue, une si grande similitude de traits chez un grand nombre de personnes répandues sur le territoire depuis Auxerre jusqu'au Mont-Cenis ne laissa pas que de me surprendre. Sans doute que toute la population n'était pas jetée dans le même moule; mais, en général, ce type était le seul bien caractérisé que je reconnusse alors, excepté le petit groupe que j'avais observé à Châlons.

La pente septentrionale du Simplon donne naissance à la vallée du Rhône. Les premiers habitants, qu'on rencontre même au sommet de la montagne, sont des Germains. Ils diffèrent des autres peuples voisins par leur aspect et par leur langue, qui est allemande.

Bientôt, en avançant dans le Valais, la langue change, et les traits changent en même temps. Je n'entends plus qu'un dialecte français, et je reconnais partout la même race que j'avais vue auparavant depuis Auxerre jusqu'au Mont-Cenis, sauf le groupe que j'avais remarqué au marché de Châlons. On se rappelle sans doute que c'était le premier type que j'avais déterminé en France. A mesure que j'approchais de Genève, quelques individus de l'autre type se présentèrent parmi cette population ; à Genève, ils étaient beaucoup plus nombreux, et tout à fait semblables à ceux que j'avais vus à Châlons et dans le nord de l'Italie.

Afin de continuer le même genre d'observations sur un nouveau territoire, je me déterminai à passer par la Bresse, en me dirigeant sur Mâcon et Châlons. Sur la grande route par la Bresse, le premier type dominait au point que je ne voyais pour ainsi dire que des traces de l'autre ; mais près de Mâcon sur le bord de la rivière, et sur le reste du chemin vers Châlons par la montagne, le second type devenait plus commun. A Châlons, où heureusement j'arrivai un jour de marché, j'eus la satisfaction de comparer mes souvenirs avec l'impression actuelle, et d'en confirmer la fidélité.

Dans une autre occasion, je fis un autre voyage en France et je visitai le Poitou, où j'étudiai encore les races et où je reconnus distinctement le premier type que j'ai indiqué. Je ne traiterai pas en détail des autres provinces sous le rapport des races, je demanderai seulement la permission de dire que j'ai aussi visité la Bretagne en en faisant le tour, et que j'y ai vu grand nombre de personnes des deux races.

Je me propose maintenant de décrire le premier type.

La tête est arrondie de manière à se rapporter à la forme sphérique ; le front est assez large, sans cependant l'être beaucoup ; les yeux sont grands et ouverts ; le nez, à partir de la dépression à sa naissance, est à peu près droit, c'est-à-dire qu'il n'a aucune courbure prononcée ; les cheveux sont de couleur obscure, bruns on noirs ; et la taille est petite, mais assez robuste.

Je vais maintenant m'occuper du second type. Je dirai d'abord que, dans nos races perfectionnées, il est impossible de trouver deux caractères de tête plus distincts et plus éloignés. Dans un voyage que j'ai fait dans le nord de la France, j'ai reconnu les traits qui constituent le second type, et qui étaient dans une telle exagération que j'en fus vivement frappé. On verra que, sous tous les rapports, il y a un contraste parfait.

Ici la tête est longue, le front large et élevé ; le nez recourbé, la pointe en bas, et les ailes du nez relevées ; le menton est fortement prononcé en avant. Les cheveux sont en général légers ; et la taille est très-élevée et très-grêle.

Nous pouvons maintenant chercher à déterminer les noms de ces deux races si bien caractérisées.

Il y a dans la principauté de Galles de la Grande-Bretagne un peuple qui parle une langue antique, extrêmement semblable à celle d'un peuple de la France qui habite la province de la Bretagne. Or, dans la langue des Gallois, il y a un nom qui désigne tous les peuples de leur race ; on les appelle des Kimris. C'est donc là le véritable nom de l'un et de l'autre peuple en Angleterre et en France ; ainsi donc les Gallois et les Bretons sont des peuples kymriques.

Il y a d'ailleurs chez les montagnards écossais et chez les Irlandais une autre race, qui est bien différente de la précédente et qu'on appelle dans leur langue Gaëls.

Il y a donc deux races fort différentes, qui sont établies dans le pays où habitent les peuples celtiques. Maintenant est-il probable que ces deux peuples s'y sont fixés dans le même temps? Et n'est-il pas beaucoup plus raisonnable de supposer qu'ils s'y sont portés successivement? Mais un fait de cette importance ne doit pas reposer sur des conjectures. Cherchons plutôt s'il n'y a pas dans l'histoire une époque où elle retrace l'existence d'un peuple gaulois dans une partie éloignée de l'Europe. Il s'ensuivrait que cette race n'était pas encore arrivée dans la Celtique.

Il y a une certaine époque où les historiens grecs et latins nous ont appris que dans le nord de l'Allemagne il y avait une race gauloise; qu'entre la 104e et la 113e année, il y avait un grand nombre de Cimbres qui vinrent désoler la Gaule, l'Espagne et l'Italie. La croyance générale fut « qu'ils sortaient » des extrémités de l'Occident, des plages glacées de » l'Océan du Nord, *de la Chersonèse cimbrique.* »

Cicéron, Salluste, Strabon, Méla, etc., disent que les Cimbres étaient des Gaulois. Plusieurs de ces auteurs nous font connaître qu'ils occupaient le nord de l'Elbe. Tacite les y retrouve de son temps. « Au-» jourd'hui, dit-il, ils sont petits par le nombre, » quoique grands par la renommée. Mais des camps,

» et de vastes enceintes sur les deux rives font foi de
» leur ancienne puissance, et de la masse énorme de
» leurs armées. »

Il me paraît très-évident que les Cimbres, en se
fixant dans la Chersonèse cimbrique, n'étaient pas
encore arrivés en France; mais à l'époque où les historiens en parlent alors, c'était longtemps après leur
premier établissement, et ils avaient pu envoyer des
colonies plus loin vers l'ouest, comme nous le dirons
tout à l'heure. Ainsi donc vers l'époque où les Kimris
s'étaient d'abord établis dans la Chersonèse cimbrique,
ils n'étaient pas encore arrivés en France. Mais où
était l'autre race qui s'appelait Gaëls, comme nous
l'avons dit tantôt? Puisque les deux occupaient la
Celtique, et que la première race gauloise dont parle
l'histoire est représentée d'abord comme étant dans
une contrée éloignée de l'Europe, les Gaëls devaient
être dans la Celtique, où ils ont dû arriver si long-
temps avant les Kimris, qu'ils ont entièrement
perdu la mémoire de cet événement.

Où les Cimbres se sont-ils portés lorsqu'ils sont
venus dans la Celtique?

Quand on considère la Chersonèse cimbrique, qui
est située sur la mer du Nord, il est vraisemblable
qu'ils ont dû suivre la côte, et qu'ils se sont fixés
sur la rive septentrionale de la Gaule.

Voyons maintenant s'il y a quelques rapports entre les habitants de la Chersonèse cimbrique et ceux
du nord de la Gaule. Indépendamment de la similitude des noms de Cimbres et de Kimris, il y a des

noms de lieu que les Cimbres ont donnés dans les deux contrées, et qui sont complétement kimriques.......

Nous trouvons d'ailleurs dans le nord de la Belgique un lieu nommé *Morini*, qui enseigne qu'il était possédé par les *habitants de la mer*, et qui en effet a une pareille situation. Nous ne parlerons pas actuellement de la province de la Bretagne qui est habitée par les Kimris, car les Bretons, comme nous le verrons plus tard, n'y sont venus que plusieurs siècles après Jésus-Christ.

Mais quelle population les Kimris ont-ils trouvée dans la Belgique? Nous avons dit que nous apprenions par l'histoire que des Kimris se trouvaient à une certaine époque dans la Chersonèse cimbrique, d'où il suit, comme nous l'avons déjà conclu, que les autres Gaulois, qui étaient des Gaëls, devaient être précédemment en France. Et cela est tout à fait confirmé par l'instruction que nous tirons de l'histoire, car les Gaëls étant venus si anciennement en Gaule, elle ne peut rien nous dire de leur origine. Quant aux races qui existent dans la Belgique, elles ont été très-mêlées; car il est venu dans cette contrée un nombre considérable de Germains qui se sont mêlés aux races gauloises.

Donnons maintenant un peu d'attention pour découvrir si les Belges, qui occupent le nord de la Gaule, étaient primitivement un peuple germain ou un peuple gaulois. D'abord il est évident qu'une partie des peuples de la Belgique parle une langue germanique ; mais c'est une petite partie de l'ancienne Belgique, qui ne présente pour ainsi dire qu'une exception.

Qu'on ne croie pas que toute la Flandre ait parlé le flamand ; car il y a une grande partie de la Belgique nouvelle qui n'en a jamais parlé un mot. Et quant à l'ancienne Belgique qui nous occupe, et qui fait partie de la France, toute, sans exception, a parlé le français, depuis l'époque où les habitants ont commencé à abandonner la langue gauloise ; car dans la Belgique actuelle, outre le pays où l'on parle le flamand, il y en a un autre qui n'a jamais fait partie de la France, et où on a toujours parlé le français. D'ailleurs, la plus grande partie de l'ancienne Belgique renfermait aussi la Flandre française, la Picardie et une grande partie de la Normandie.........

Nous allons maintenant nous procurer des renseignements à l'égard de la Gaule et de la Grande-Bretagne, ainsi qu'à l'égard de leurs habitants.

Nous avons deux auteurs célèbres qui nous fournissent des documents de la plus grande importance relativement à ces pays et à ces peuples. Ces auteurs ont pris naissance parmi les Grecs et les Romains. L'un était le plus grand géographe de l'antiquité, et l'autre le plus grand général romain. Strabon a donné une description de tous les peuples connus à son époque. Il a conçu une excellente idée de la géographie générale : non-seulement il donne une bonne description des pays dont on avait une idée convenable, mais aussi il fait connaître avec exac-

titude toutes les productions végétales et animales
de ces contrées. Il nous représente avec vérité tous
les peuples qui les habitent, et aussi il donne des détails sur leurs mœurs, et parfois des renseignements
sur leurs langues. Il a même voyagé dans un grand
nombre de pays : dans l'Asie-Mineure, l'Égypte, la
Grèce et l'Italie. Mais c'est là qu'il s'est arrêté, et
l'on s'en aperçoit bien, lorsqu'on voit comment il
a décrit l'Espagne, la Gaule et le reste du nord de
l'Europe. Il s'est beaucoup trompé sur la Gaule : il
a cru que les Pyrénées, au lieu d'être transversales,
étaient dirigées du nord au sud; ce qui l'a conduit
à errer de même sur le cours de trois principales
rivières de la France, la Garonne, la Loire et la
Seine. On pourrait également s'attendre à trouver
dans ses écrits des fautes très-graves sur les peuples
qui habitent cette contrée; mais on s'y tromperait
singulièrement; il donne des Gaulois une description exacte. Non-seulement il indique le même nombre de peuples que César, mais il leur applique exactement les mêmes noms : les Ibères, les Celtes et les
Belges. Il ajoute même des détails qui intéressent
beaucoup l'ethnologie. Voici comment il s'exprime
à cet égard. « Les Aquitains diffèrent absolument
» des deux autres, non-seulement par leur langage,
» mais aussi par leur figure, qui approche plus de la
» figure des Ibères que celle des Gaulois. »

Remarquons qu'à l'époque où Strabon a écrit, les
Aquitains s'étendaient dans la Gaule depuis les Pyrénées jusqu'à la Garonne, et devaient y être très-

nombreux. Or, c'était un fait important à faire connaître que la ressemblance des Aquitains et des Ibères.

Pour montrer la parfaite exactitude de la description de Strabon, il est nécessaire de faire connaître en peu de mots à quel point la langue ibère diffère des langues gauloises.

J'ai donc fait une étude particulière des langues usitées dans la Gaule, et la commission nommée par l'Académie des Inscriptions et Belles-Lettres a couronné en 1830 mon mémoire sur ce sujet, qui est en deux volumes in-4° (1).

D'abord l'ibère n'appartient pas aux langues indogermaniques, tandis que les langues gauloises en font partie. Il y a donc une grande différence entre elles. On peut s'en convaincre par l'usage de l'article dans les langues gauloises qui précède le substantif et n'en fait jamais partie ; tandis qu'en ibère, l'article vient toujours à la fin du substantif et fait corps avec lui.

Dans l'ibère il n'y a pas, à proprement parler, de déclinaison. Tous les rapports, qui sont très-nombreux, sont exprimés par des substantifs, des prépositions et des articles qui font corps ensemble, et qui sont placés dans l'ordre que nous venons d'indiquer.

La troisième différence fondamentale se trouve

(1) Ce travail est actuellement sous presse et sera publié très-prochainement.

H. M. E.

dans la conjugaison des verbes. Ils sont composés du verbe être, d'une préposition et d'un infinitif qui fait fonction de substantif; ainsi au lieu de dire, *je tombe*, on dit, *je suis dans le tomber*. Il y a d'ailleurs dans l'ibère non-seulement le pronom sujet du verbe, comme dans les langues indo-germaniques, mais aussi les pronoms objets du verbe, les directs et indirects; de façon qu'il y a un grand nombre de verbes, avec tous les éléments pronominaux, dont chacun ne forme qu'un mot; et le plus souvent ces éléments sont tellement confondus qu'il est tantôt difficile et d'autres fois impossible de les reconnaître.

Il y a donc une différence énorme entre ces langues, tandis que, sous certains rapports, il y a une grande ressemblance entre les idiomes gaulois.

D'abord, parce qu'ils appartiennent à la famille indo-germanique; ensuite, parce qu'à certains égards il y a une grande similitude entre elles. Elles ont beaucoup de mots communs. J'ai compté qu'elles avaient 463 racines de même nature; et ces mots sont tellement semblables, qu'ils sont presque identiques, ou ne diffèrent que par des nuances.

Voilà où s'arrête la similitude; car on conçoit que ce nombre de racines ne fait qu'une très-petite partie des racines générales, et que la terminaison, même des mots qui ont la même racine, étant très-différente, ces mots ne doivent pas être intelligibles pour les individus de l'autre nation.

Mais qu'on ne pense pas que Strabon ait confondu

les deux races; il les distingue au contraire parfaitement; car il observe qu'il y a des différences entre ces peuples, « soit pour la langue, soit pour la » manière de vivre et pour la forme des gouverne- » ments. » Voilà des distinctions très-marquées entre des peuples qui d'ailleurs se touchaient de si près.

Voyons maintenant quel rapport il y a entre la description de César et celle de Strabon. Si celle de César est moins savante, elle a plus d'importance à d'autres égards. D'abord, il indique le même nombre de peuples dans la Gaule, et il nomme exactement les mêmes races; voilà donc une confirmation d'un grand intérêt. Un passage très-important de César, relatif aux habitants de la Gaule, est le suivant : « Ils diffèrent tous par leur langue, leurs institutions » et leurs lois. » Ce passage est analogue à un autre de Strabon, que j'ai déjà cité. On ne peut rien dire de plus positif : il ne se borne pas à distinguer leurs institutions et leurs lois, mais il différencie encore leurs langues. Voilà donc des distinctions de la plus grande importance, qui décident tout à fait la question. Quand des hommes comme ceux que venons de citer établissent de pareilles différences, comment peut-on croire qu'il ne s'agit que de petites distinctions entre les langues, distinctions dont personne n'a besoin de parler, tandis qu'ici il s'agit d'une dissemblance qui établit, comme le disent ces auteurs célèbres, des langues différentes?

Nous avons dans un travail précédent parlé de l'étendue des Aquitains ou des Basques; nous dirons maintenant, d'après César, que les Belges étaient limités par la Marne et par la Seine, et que les Celtes s'étendaient depuis le Rhône, la Garonne et les confins de la Belgique. Nous avons déjà vu que les Belges étaient un peuple kimrique. Il s'agit maintenant de savoir qui étaient les Celtes; mais puisqu'il n'y avait en Gaule que deux peuples gaulois, et que les Belges étaient Kimris, il est évident que les Celtes étaient des Gaëls.

Voilà donc les renseignements que nous tirons de César. Si un auteur beaucoup moins marquant que César avait rendu ce témoignage relativement aux habitants de la Gaule, il aurait pu suffire pour décider la question; mais quand c'est un homme de la gravité de César, le plus grand des Romains, qui parle ainsi des Gaulois, le doute n'est plus possible; il faut accepter son opinion avec la plus haute confiance, car César n'était pas seulement le plus illustre des généraux, il était aussi le plus célèbre des grammairiens, un des orateurs les plus distingués, un homme orné d'une grande variété de connaissances.

Et ce qu'il y a sous ce rapport de bien plus en sa faveur, c'est que César a été pendant dix années dans la Gaule; qu'il en a visité tous les peuples, qu'il les a tous combattus un grand nombre de fois, et qu'il devait les connaître parfaitement. Si l'on ne doit pas adopter ce que César dit des habitants de la Gaule, il faut renoncer à tout témoignage purement historique, et regarder l'histoire comme une chose entièrement inutile.

Nous avons vu précédemment qu'il y avait un temps dans l'histoire, où un des peuples gaulois occupait anciennement la Chersonèse cimbrique, que ce peuple s'est ensuite porté en France en parcourant les bords de la mer, et qu'il est arrivé dans l'ancienne Belgique; mais ensuite où a-t-il porté ses pas? Les détails de ce fait sont très-intéressants; et l'on verra qu'en général on ne s'est pas bien entendu là-dessus; cependant il n'y a rien, suivant moi, de plus clair et de plus évident. Peut-on avoir sur ce sujet un témoin plus intelligent que César et qui connût mieux la question, lui qui a été sur les lieux, qui a vu et combattu les Bretons d'Angleterre? Nous avons donc l'autorité la plus respectable et la mieux instruite que nous puissions désirer. Or, voici comment César s'exprime : « La partie intérieure de la Bretagne est » habitée par ceux que la mémoire leur dit être nés » dans l'île. La partie maritime est occupée par » ceux qui, à cause de la guerre et de la proie qui » en dérive, partirent de la Belgique. »

Ainsi donc, dans les temps anciens, il y avait deux populations dans cette contrée : l'une qui était formée par ses anciens habitants, et qui se croyaient autochthones; l'autre qui était composée par les Belges, venus de la Gaule belgique, et qui occupaient la partie maritime de la Grande-Bretagne. On croyait que les Belges s'étendaient beaucoup plus loin, et qu'ils s'étaient emparés de toute l'Angleterre; mais nous voyons qu'ils ne possédaient que la partie maritime, c'est-à-dire la côte, vis-à-vis de la Gaule.

Il s'agit maintenant de savoir si, outre l'ancienne Belgique et la côte de l'Angleterre, les Kimris possédaient aussi en France la province de la Bretagne. Or, César dit de la manière la plus formelle, que la Belgique, la patrie des Kimris, était bornée au sud par la Seine et par la Marne; il s'ensuit donc qu'à cette époque, les habitants de la Bretagne étaient des Gaëls.

Comme la Gaule était peu éloignée de l'île de la Bretagne, il pouvait arriver, dans des temps postérieurs, que des révolutions dans l'empire et dans l'île amenassent de cette dernière partie des habitants dans la Gaule.

C'est ce que l'histoire confirme de la manière la plus parfaite.

Vers l'an 284, il y eut un certain nombre de Bretons insulaires que des pirates germains avaient contraints d'abandonner leur patrie. Ils remplissaient quelques barques, et ils se réfugièrent dans la partie de la Gaule qui correspond à la province de la Bretagne.

Constance Chlore leur assigna des terres dans la province des Curisolites et des Kaètes. Il paraît évident par la cause de leur malheur, par la petitesse de leur nombre et par les bienfaits de l'empereur, qu'ils ne venaient pas en conquérants, mais en suppliants. Il y eut par la même cause une seconde émigration en 364.

Mais il y eut, en 383, une irruption autrement considérable et qui eut un motif différent. Il en résulta un changement complet dans l'état des affaires : Maxime, qu'on dit Espagnol, était gouverneur de la Grande-Bretagne pour l'empereur Gratien; il était habile et ambitieux; et comme l'empire était alors disputé entre Gratien, Valentinien et Théodose, il voulut combattre pour la couronne impériale, et se fit proclamer empereur par ses soldats. On n'avait, à cette époque, dans la Grande-Bretagne que peu de troupes; elles ne formaient que deux légions, et leur nombre ne montait qu'à 7,600 soldats. Comme Maxime avait projeté une grande entreprise, il devait nécessairement tirer de son gouvernement des forces considérables, et l'on dit qu'elles s'élevaient à 100,000 hommes. Même un prince d'Écosse, de la partie indépendante de ce pays, résolut de partager sa fortune : il se nommait Conan Mériadec, et comme il était le neveu d'un des rois de ces petites principautés, il ne devait pas avoir beaucoup de soldats; mais il est probable que la présence d'un prince indépendant devait entraîner beaucoup de Bretons à marcher à la suite d'un nouvel empereur.

Les troupes de Gratien dans la Gaule ne se trouvaient pas assez fortes pour s'opposer à leur débarquement; il eut lieu à l'embouchure de la Rance. L'armée de Gratien les attendit non loin de la ville d'Aleth, entre Rennes et la mer. Il s'y livra une bataille décisive, dans laquelle les Bretons insulaires firent un grand carnage de l'armée impériale. Rennes et Nantes ouvrirent leurs portes aux vainqueurs, dont le chef distribua des terres *à leurs compagnons*.

Le prince breton accompagna Maxime jusqu'aux murs de Paris, où il y eut une seconde bataille contre Gratien en personne , qui ne lui fut pas moins défavorable que celle d'Aleth.

Alors Maxime et le prince breton se séparèrent. Conan retourna en Armorique pour prendre possession de ces provinces, et l'on prétend que le général romain lui en laissa la souveraineté.

Maxime poursuivit Gratien, qu'il assiégea dans Lyon ; puis il l'attira dans un piége et le fit mettre à mort.

Il continua ses succès dans le Midi, et força Valentinien à fuir de Rome. Il avait dompté presque tout l'Occident, lorsque Théodose l'atteignit dans Aquilée, le prit et lui fit trancher la tête.

Conan avait déjà avec lui un certain nombre de troupes bretonnes ; mais la politique de Théodose traita les soldats de Maxime, après la victoire, avec tant de douceur, qu'il leur permit de retourner en Armorique.

Si maintenant on cherche les limites de la principauté bretonne, l'Armorique, il paraît que Maxime établit Conan et ses compagnons entre le mont Saint-Michel, le cap de Finistère et la ville de Nantes.

L'histoire nous apprend donc que Conan fut prince de la Bretagne, et l'on ne saurait en douter ; car il est évident qu'il fut la souche d'un grand nombre de souverains qui régnèrent plusieurs siècles. D'ailleurs, ces faits sont fortifiés par la situation de la Grande-Bretagne et de la Gaule. La Grande-Bretagne fut quelque temps après exposée à des révolutions : d'abord, par des incursions fréquentes des Pictes et des Scots, puis par la conquête de presque toute l'Angleterre par les Saxons, qui détermina beaucoup de Bretons à abandonner le pays et à se réfugier dans l'Armorique, où il y avait déjà une population amie. Enfin, on n'a qu'à considérer la faiblesse de l'empire romain, qui fut telle à cette époque, que les empereurs donnèrent quatre fois en vain l'ordre de retirer aux Bretons les concessions de terres qui leur avaient été accordées.

D'ailleurs rien n'est plus clair que l'influence que les Bretons ont exercée dans cette partie de la Gaule. C'est à eux qu'on doit l'indépendance du pays ; car il est évident que s'ils n'y étaient pas descendus, ce territoire occupé par les Gaëls aurait subi le même sort que le reste de la Gaule, et aurait été subjugué par les Francs.

Nous allons maintenant nous occuper des objections contre cette opinion, qui ont été présentées par un homme fort distingué, correspondant de l'Académie, le docteur Prichard. Il a fait un travail considérable sur les Gaulois, dans lequel il est, sur presque tous les points, de l'avis de M. Thierry et des autres savants qui ont écrit sur les Gaëls; il n'en diffère que sur une seule question, qui est cependant d'une grande importance. Il pense qu'il n'y a pas de Gaëls en France. Quelque extraordinaire

que soit cette opinion, la célébrité de l'auteur est
telle, qu'il importe d'examiner son opinion avec
beaucoup d'attention.

Il dit qu'en parcourant les noms des lieux dérivés
du gaulois, on les trouve kimriques; mais l'auteur
ajoute qu'il y avait un certain nombre de ces mots
qui sont également gaëliques. Ainsi, dans les noms
de lieux, on trouve que c'est la langue kimrique qui
domine. Il est évident qu'il y a quelques raisons
pour lesquelles on a recueilli plus de noms kimriques que gaëls, mais enfin cette prépondérance
existe. Que résulte-t-il de cette majorité? Simple-
ment le fait. On en tirerait quelque conclusion,
si l'on ne connaissait que des mots kimriques; mais
on voit que cela n'est pas. Il y a dans cette liste
des mots gaëliques et des mots kimriques. Que faut-
il en conclure? Rien; pas même qu'il y a plus de
noms de lieux qui sont kimriques que gaëls; car
qu'on ne pense pas qu'on ait tiré tous les noms de
lieux qui nous sont parvenus, des Gaëls et des
Kimris; ce n'est qu'un petit nombre de mots dérivés, à qui cette étymologie est applicable. Comment
en a-t-on fait le choix? On a pris *tous les préfixes et
toutes les terminaisons dont on connaissait l'étymologie.*
Et combien de mots est-on parvenu, d'après ce principe, à rassembler? Pas plus de seize en tout, conte-
nant des mots gaëls et des mots kimriques. Et combien de noms de lieu y avait-il en tout? Ce que con-
tenait l'Irlande, l'Écosse, l'Angleterre, la France, la
Savoie, et la Suisse française. Maintenant quel était,

dans la liste des mots dérivés, le rapport entre les mots kimriques et les mots gaëls? Sur les seize mots qu'on peut regarder comme kimriques, il y en a six qui doivent être envisagés comme gaéliques. Or, si l'on compare dans les deux langues, avec les seize mots de la liste que j'ai citée, ceux qui par une similarité d'origine devraient en faire partie, on voit que leur nombre doit être immense.......

Nous allons maintenant rechercher, s'il est possible, les traces que les langues primitives ont imprimées à celles qui leur ont succédé. Nous emploierons la linguistique, mais nous nous servirons d'un genre de preuves qui ne me paraît pas avoir été encore employé.

Il est évident que c'est un phénomène extraordinaire, lorsqu'un adulte apprend à bien parler une langue étrangère; mais si au lieu d'un individu, il s'agissait d'un peuple qui ne fût pas mêlé à la nation, ce serait une chose tout à fait impossible. Dans l'Amérique du Nord, il y a eu des Anglais, des Français, des Hollandais, et des émigrations d'Allemands. L'étendue du pays, qui est placé sous un même gouvernement, est pour ainsi dire immense; mais, comme les Anglais prédominaient, leur langue a aussi prédominé. Lorsque les Romains envoyaient des troupes ou des colonies chez des nations étrangères, quelle pouvait en être le rapport avec la population du pays? Presque rien. Ils ne pouvaient qu'imparfaitement changer la langue du pays.

Lorsqu'on apprend une langue étrangère, il y a trois difficultés à vaincre : d'abord, les règles de la structure de la langue; puis ce qui en fait le fond, les mots; et enfin la prononciation.

Quant aux règles, elles doivent être très-imparfaitement connues. Alors on les altère nécessairement, et on les modifie surtout d'après sa propre langue. Relativement aux mots, il est impossible de les apprendre tous, bien s'en faut. Qu'en arrive-t-il? On prend dans son idiome les mots qui manquent dans la langue étrangère. Enfin, la prononciation est la partie la plus défectueuse; et il est incroyable combien de temps l'ancienne subsiste; il en est même des parties qui ne s'effacent jamais.

On voit que ces principes sont d'une simplicité parfaite, et qu'il n'y a rien de plus naturel. Diverses nations de l'Europe ont adopté la langue latine, en renonçant à celles qu'elles parlaient auparavant. Ce sont les Espagnols, les Portugais, les Italiens, les Savoyards, les Français et les Suisses français. Qu'est-il résulté de ce changement? Non la langue latine unique et pure; mais des idiomes; des langues latines nouvelles, qu'on a appelées langues néolatines. Nous avons donc l'espagnol, le portugais, l'italien, le provençal et le français. Voilà par conséquent cinq langues qui sont provenues de l'envie qu'ont eue ces peuples de parler le latin; mais comme il ne s'agit ici que du provençal et du français, nous allons nous en occuper spécialement, en appliquant les principes que nous avons

donnés sur les changements des langues qui se méta-
morphosent.

On verra, dès le premier pas que nous ferons dans
ces recherches, une influence capitale que ces langues
primitives ont exercée sur le latin. Il y avait une
langue gauloise dans le nord de la France et une
autre dans le midi : l'une était le belgique et le breton, langues tout à fait analogues ; l'autre le celte
ou le gaël. Quand ces peuples se sont mis à apprendre le latin, il en est nécessairement résulté deux
langues néolatines, l'une pour le Nord, la langue
française, l'autre pour le milieu et pour le Sud, la
langue romane. Je crois ce fait très-remarquable, et
qui marque un rapport intime entre les langues anciennes et celles qui leur ont succédé.

Il y a eu des savants qui se sont occupés des rapports
du breton avec la langue française. Ils étaient éru-
dits, mais ils n'avaient pas de critique ; et voilà
pourquoi ils n'ont pas exercé d'influence sur leurs
compatriotes. Quant au gaël, je ne connais pas de
savant français qui s'en soit occupé. Il est donc impossible qu'on ait la moindre idée du rapport qui
peut exister entre cette langue et le français.

On verra, dès le premier pas que nous ferons dans
ces recherches, une influence capitale de ces langues primitives sur le latin.

Examinons d'abord, sous le premier rapport que
nous avons indiqué, les changements de structure
que ces idiomes ont apportés au latin. Nous commencerons d'abord par l'influence du kimri. Une

des distinctions les plus marquées entre le latin et le français consiste dans le genre : en latin, il y en a trois, le masculin, le féminin et le neutre; en français, il n'y en a que deux, le masculin et le féminin; le neutre est tout à fait supprimé.

Mais cela ne pouvait être autrement; car il n'y avait que deux genres employés dans le kimri, parlé par le peuple belge et par les Bretons. Il est évident que l'esprit de ces habitants du Nord étant depuis un temps immémorial accoutumé à l'usage des articles, ils n'ont pu s'en déshabituer. Ils ont d'ailleurs bien fait, car l'article est d'une grande utilité et la langue y a bien gagné. Ils ont donc emprunté à une particule latine un mot dont ils se sont servis comme d'un article, en l'abrégeant.

Dans le gaulois il y a bien un article défini, mais il n'y a pas d'article indéfini, tandis qu'en breton les deux articles s'y trouvent. Ainsi il y a *yr* ou *y*, selon que le mot suivant commence par une voyelle ou une consonne; et il y a aussi l'article indéfini qui veut dire *un*, et le son est le même, car on dit *eun.*

Il y a d'ailleurs une grande différence entre le latin et le français, qui consiste dans la présence en latin des déclinaisons et dans leur absence en français. Eh bien, lorsqu'on examine le breton, on n'en trouve pas davantage dans cette langue; de façon qu'il n'y a pas plus de déclinaison en breton qu'en français.

Mais puisqu'il n'y a pas de déclinaison en breton,

on doit y suppléer comme en français par des prépositions et par un article qui expriment les mêmes
rapports que la déclinaison des substantifs. Ces rapports peuvent avoir une grande étendue, ou être
très-circonscrits ; mais ils sont aussi bornés qu'en
français. Ainsi, ils ont une préposition qui indique
de, et qui rend également le génitif et l'ablatif, et
une autre pour le datif, *à*, singulier et pluriel, en y
ajoutant un article.

Nous allons maintenant nous occuper de la langue
gaële. En gaël comme en breton, il n'y a également
que deux genres ; de façon que le roman a pris aussi
le même caractère, et n'a pas plus de genre neutre
que le breton. Le gaël a également un article défini,
de façon que le roman s'en sert de même que le breton. Mais nous avons dit que le breton avait un article indéfini qui était le même qu'en français ; mais
il n'en est pas ainsi du gaël, où il manque tout à
fait.

En poursuivant, nous trouverons une grande différence entre ces langues anciennes qui se reproduisent
en français et en roman ; et je dirai qu'il est impossible de donner une preuve plus évidente des rapports du gaël et du roman. C'est qu'il n'y a pas,
comme nous l'avons dit, de déclinaison en breton,
mais il y en a une en gaël ; et quelle est la forme de
cette déclinaison ? La plus extraordinaire que l'on
puisse imaginer. Nous n'allons considérer que le
nominatif et le génitif. L'un est pour le singulier un
cas direct et l'autre un cas oblique ; mais comment

fait-on le pluriel? Voilà ce qu'il y a de remarquable :
on les renverse et l'on obtient le pluriel. Ainsi, on
le constitue en faisant du cas oblique du singulier,
le cas direct du pluriel, et du cas direct du singulier,
le cas oblique du pluriel. Nous allons maintenant
nous occuper des mots terminés par un *e* muet final
en gaël et en français. C'est un des caractères les
plus remarquables de ces langues, car je ne crois pas
que l'*e* muet final existe dans aucune autre; ce seul
rapport suffirait pour établir la liaison intime entre
le gaël et le français. Dans le gaël, l'*e* muet final est
réellement muet, mais il l'est un peu moins qu'en
français. On sait qu'en cette langue il y a deux genres d'*e* muet : l'un dans le corps du mot, l'autre à la
fin, qui est encore plus muet.

Outre l'*e* muet qu'on peut appeler général, puisqu'il se rapporte également au masculin et au féminin, il y a en gaël un *e* muet qui termine la plupart des adjectifs de première déclinaison, au génitif
féminin. C'est d'abord la règle générale de cette déclinaison; ainsi on dit : *morth* — mort; gén. sing.
fém. *moirthe*. *Duth* — noir; gén. sing. fém. *duithe*.
Il y a ensuite huit règles particulières, dans lesquelles les cinq dernières donnent également un *e* muet
pour le génitif féminin.

Il y a un caractère singulier d'euphonisme en
français et qui se trouve également en gaël. Il est si
remarquable qu'on ne le rencontre guère qu'en ces
langues. En français, on met un *t* dans certains cas
pour adoucir le son; on fait de même en gaël.

Nous venons maintenant de faire le recensement des anciennes langues gauloises, comparées au latin sous le rapport de la structure des langues néolatines française et romane; et nous voyons l'immense influence que ces langues ont eue sur le latin. Nous voyons qu'elles ont singulièrement modifié cet idiome sous ce rapport. Elles ont d'abord modifié le langage à l'égard des articles qu'elles ont introduits dans ces langues, et qui n'existaient pas dans le latin. Il y avait trois genres en latin; elles n'en ont laissé que deux. Il y avait des déclinaison en latin; il n'y en a pas en breton, ce qui a été adopté en français, qui est la langue qui lui a succédé; mais s'il n'y en a pas en breton, il y en a en gaël; et ce qu'il y a d'extraordinaire à cet égard, la forme de cette déclinaison, qui est unique dans le monde, est entrée dans le roman. Le gaël y a aussi introduit l'*e* muet, qu'on peut appeler général, ainsi que l'*e* muet qui marque le féminin des adjectifs, et enfin la manière euphonique d'employer le *t*. Remarquons que les deux langues gauloises ont produit ces différences; mais que c'est la langue gaële qui a eu un peu plus d'influence.

Outre l'influence de la structure des langues gauloises sur les idiomes néolatins qui leur ont succédé en France, nous devons actuellement nous occuper de leur part dans la partie lexicographique du latin nouveau. Nous commencerons par le breton, que nous avons prouvé être tout à fait analogue à la langue belgique, et quoique ces langues aient beaucoup de rapport avec le gallois, on sait que cet idiome diffère

assez du breton. Lorsque nous indiquerons les nombreux rapports entre les langues anciennement parlées en France et les idiomes néolatins qui leur ont
succédé, je mettrai sous les yeux du lecteur la liste
des mots eux-mêmes, pour qu'il soit convaincu que
l'imagination n'est pour rien dans la ressemblance
intime qui règne entre eux.

Il serait très-difficile de concevoir qu'il n'y en
eût point. Quand on pense à la situation commune
d'un peuple, ne doit-on pas s'attendre à ce qu'il y
ait une disposition semblable de leur esprit. Il y a
dans un pays des choses qu'on désire et des choses
qu'on évite; et comme elles présentent des différences suivant les contrées, il en naît des affections diverses.

D'abord la législation est très-différente chez les
différents peuples; mais n'en résulte-t-il pas une
grande différence dans la manière de sentir? Les uns
ont des lois tout à fait aristocratiques, d'autres tout
à fait libérales. Et quand ils aiment leur gouvernement ne s'y conforment-ils pas? Les uns ont un
grand respect pour la noblesse, les autres pour l'autorité constituée. Tous aiment la gloire, mais ceux-
ci auront pour elle une plus vive affection. Les uns
auront une grande constance et un grand amour
pour le travail; ceux-ci auront des sentiments plus
généreux, et ils feront de temps en temps de grandes
actions où l'égoïsme aura moins de part. En voilà
bien assez pour prouver que le caractère moral des
races existe réellement, et qu'on ne pourrait pas

bien connaître celui d'une nation, si l'on ignorait le caractère moral des races qui la composent.

Dans quelle vue est faite cette recherche? Évidemment à l'occasion des Gaëls. Il n'y aurait pas eu, d'après l'assertion que j'ai rapportée, de Gaëls en France. C'est comme si l'on disait, il n'y a jamais eu de Français en France. S'il y a eu dans le monde deux peuples dont le caractère moral a été identique, c'est sans contredit le peuple gaël et la plupart des Français. On n'a qu'à consulter le caractère que César donne des Celtes, et celui que M. Michelet en a présenté dans son Histoire de France. Peut-on avoir une race plus spirituelle, plus vive, plus gaie, aimant plus la gloire et le plaisir, et dont la tenue est moins constante; mais en décrivant ainsi les Français, n'est-il pas évident que ce que j'ai dit se rapporte également aux Irlandais? Maintenant, quelle serait la conséquence de l'assertion dont j'ai parlé, qu'il n'y a pas de Gaëls en France; que les Français sont entièrement composés de Kimris, excepté la partie formée d'Ibères, qui est une très-petite partie de la nation? Veut-on connaître les Kimris? On n'a qu'à visiter le nord de la Bretagne, on y verra un peuple dont le caractère contraste le plus avec celui des Français. C'est le peuple le plus grave, celui qui aime le moins le plaisir, dont la conduite est la plus constante. Est-ce là le peuple français? On ne peut rien imaginer de plus contraire.......

Je dois demander maintenant quelle est l'utilité de

l'histoire naturelle de l'homme? C'est de connaître avec précision l'origine des peuples et de distinguer convenablement le caractère moral des races qui forment une nation. Je crois que ces deux conditions ont été remplies. Sous le rapport de l'origine, nous avons consulté les caractères physiques des races, les relations historiques, et tous les rapports que pouvait présenter la connaissance des langues qu'on a parlées dans la Celtique. Sous le rapport du caractère moral, nous avons distingué les races qui représentent les Gaulois de France, et nous en avons donné le caractère moral.

FIN.

3

www.ingramcontent.com/pod-product-compliance
Lightning Source LLC
Chambersburg PA
CBHW070811290326
41931CB00011BB/2190